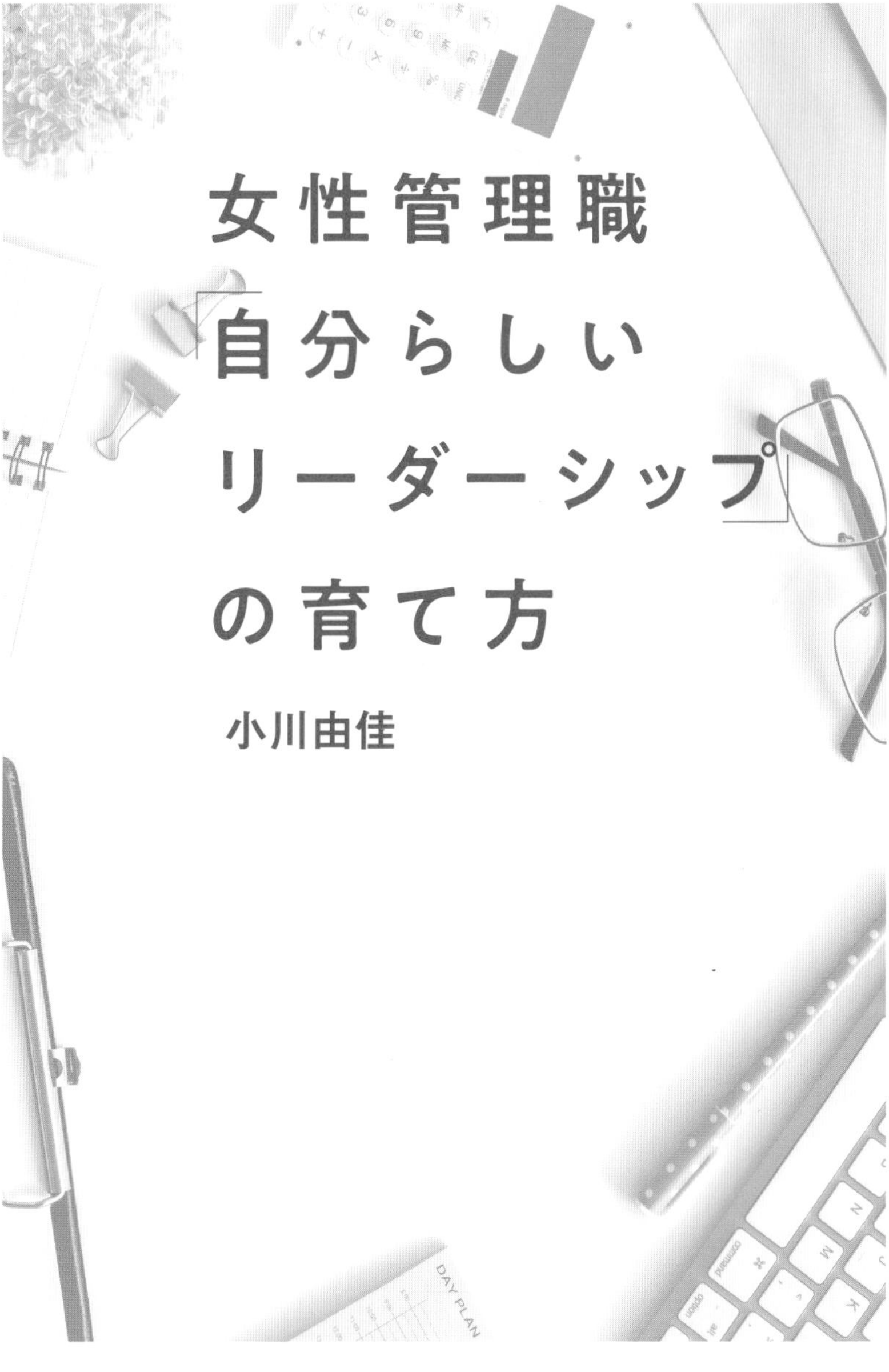

女性管理職「自分らしいリーダーシップ」の育て方

小川由佳

同文舘出版

はじめに

前著『仕事にも人生にも自信がもてる！　女性管理職の教科書』の刊行から7年。新しい書籍を執筆しようとしたとき、私の中に真っ先に思い浮かんだテーマは、**リーダーシップ**、そして、そのリーダーシップを実装するための**問題解決の思考力**でした。

というのも、その2つの力は、まさに私の人生を変えてくれたものであり、かつ、この2つについて書かせていただくことが、自分らしくリーダーという仕事をしていくことのお役に立つのではないかと思ったからです。

リーダーシップというと、とても大層なものであるような響きがあります。

でも、リーダーシップの本質はとてもシンプルです。

あることを実現したいと思い、そのために自ら考え動くこと。

とても身近で、誰でも発揮できるものだと思っています。

そして、リーダーシップを発揮することは、仕事のみならず人生をも豊かに楽しくしてくれるものであり、苦しいときやつらいときに自分を踏ん張らせてくれるものだと思っています。

私は、この「あることを実現したいと思う」リーダーシップを持つことで、メーカーの業務改革において誰一人動いてくれなかったとき、コンサルティング会社に入社後あまりにダメダメで降格になるくらい追い込まれたとき、自らを奮い立たせ、前に進むことができました。

もう1つのテーマである、問題解決の思考力。これを扱いたかった理由は、私は、これを身につけることによって、自分自身の世界が変わったと思うからです。

以前の私は、ずっと自信がなくて、いくら知識や経験を積んでも、ちょっとでも自分よりも知識のある人や経験豊かな人を前にすると、たちまち腰が引けてしまうようなところがありました。

それが、曲がりなりにも問題解決の思考を身につけたと思えたとき、どんな場面でも、どんな相手でも、私はきっとやっていけるだろうという「**自分を信じる力=自信**」を手にすることができたのです（そのあたりのエピソードは、本文の中に詳しく書いています）。

私がお会いする方、特に、女性の中には、こちらから見るととても優秀であるにもかかわらず、「自信がない」とおっしゃる方は少なくありません。

また、多様性の時代といわれる昨今、年上の部下やベテランの部下など、多種多様な人達とチームを組んで成果を出していくことが求められ、悩んでいる方にも多くお会いします。

そんな中で、「自信がない」を乗り越えて、自分らしく歩を進めていくお手伝いができれば、そして、仕事と人生を楽しむことへ少しでもお役に立てたら、こんなうれしいことはありません。

株式会社FAITH 代表取締役 小川由佳

女性管理職「自分らしいリーダーシップ」の育て方　目次

第1章

仕事と人生を楽しむ！自分らしいリーダーシップ

第2章

巻き込み力①

Win-Winの関係をつくる！人を動かす関わり方

第3章

巻き込み力②
モチベーションに火をつける！
部下の育て方

第4章 どんな相手でも、どんな場面でも動じない！問題解決の思考力

カバー・本文デザイン・図表作成◎二ノ宮匡(ニクスインク)
本文DTP◎株式会社RUHIA

第1章

仕事と人生を楽しむ！
自分らしいリーダーシップ

Hint

01 リーダーシップって何だろう？

リーダーシップには2つの要素がある

そもそも「リーダーシップ」って、何でしょうか？

皆さんは、「リーダーシップ」という言葉から、どんなことをイメージしますか？

「周りを引っ張っていくこと」

「チームをまとめていくこと」

研修中、受講者の皆さんに聞いてみると、よくそんな言葉が返ってきます。

実際のところ、研究者だったり有名な経営者だったり、いろいろな人がいろいろな表現で「リーダーシップ」を定義しています。その数は膨大で、定義する人の数だけあるといわれるほどです。

そんな中、私が見た限り、多くの定義には共通する要素が2つあるように思っています。

1つは、何かを「実現したい」という想いを持っていること。

もう1つは、その想いを実現するために、周りに働きかけ巻き込むこと。

まとめると、リーダーシップとは**周りを巻き込み想いを実現しようとする力**のことであり、**「想いを持っていること」や「実現しようと行動していること」自体に宿る力**だと思っています。

想いを起点に人を巻き込む

ある企業で女性リーダー向けの問題解決思考力研修を実施したときのこと。

この研修では、さまざまな部門から参加した初対面のメンバー5〜6人が、グループを組んでテーマ（職場の課題）を1つ選び、問題解決を行なうのですが、参加者の中で、「ぜひ、この課題を解決したい」という想いを持つAさんのことがとても印象に残りました。

そのグループにおいて、Aさんは他のメンバーよりも若手でしたが、メンバー全員が、Aさんの想いを受け止め、協働しながら、Aさんの挙げた課題を解決するために一丸となって進めていたのです。

研修のグループで立案した解決策を、職場に戻って実践し、最終的に結果を出すところまでやり遂げたAさん。「研修最後に撮った記念写真です。最高の仲間です」という言葉とともに、グループメンバーとの笑顔の写真を送ってくださいました。

年齢の違いや部門の違いは、関係ない。

想いに影響されて、人が動くということ。

これこそがリーダーシップなんだなと、改めて、Aさんの事例は教えてくれたように思います。

Aさんから学んだことを共有したくなって、この企業の研修担当の方にメールしたところ、その方からはこんなお返事をいただきました。

「先生のメッセージを読んで、私も本当にその通りだなと思いました。

リーダーシップって何？　と言われると、なんとなくグイグイみんなを引っ張っていく強いリーダーのイメージが浮かびがちですが、1人では成し遂げられないことも周りに理解をしてもらい、協力を得ながら、みんなで実現していけること、その喜びを皆にも与えられることが、これからのリーダー像として求められるものだと感じました。少なくとも、私だったらそんなリーダーと一緒に仕事をしたいと思います」

想いを起点に人を巻き込む。これこそがリーダーシップなのだと思います。

Hint

02

リーダーシップを発揮するために必要な、もう１つのリーダーシップ

周りを巻き込むことにつながるセルフリーダーシップ

いわゆる「リーダーシップ」と言ったときに人がイメージするのは、「他者に対するリーダーシップ」だと思います。これは、**「インターパーソナルリーダーシップ」**とも呼ばれます。

一方で、この「他者に対するリーダーシップ」を発揮するにあたっては、前提として、もう１つ大事なリーダーシップがあります。

それは、「自分に対するリーダーシップ」です。自分の想いや実現したいことを実際に実現するために、自ら考え行動していく力のことです。いってみれば、「主体性」とか「当

事者意識」と呼ばれるものですね。

このリーダーシップは「**セルフリーダーシップ**」と呼ばれます。

そもそも**自ら動こうとすることなくして、他者を巻き込むことには至りません**。

さらにいうと、セルフリーダーシップを発揮する人の想いや、姿勢・行動を目の当たりにして、周りの人はおのずと「いいな」「私も〇〇したい」と共感し、「ついていきたい」「一緒にやりたい」と思うものです。

それが結果として、フォロワーを生み出し、他者に対するリーダーシップにつながっていきます。


そのことを感じさせてくれたのは、私の中高時代の友人でした。

コロナ禍の2020年、何気なく情報番組を見ていたら、そこにはなんと中高時代の同級生の姿が！

京都の観光地で店舗を経営する同級生。コロナ禍でインバウンドが激減する中、「そもそもこの店の使命は何だったのか」「このお店を始めた頃の原点に戻ろう」と、戦略を立て直し、気持ちも新たに前向きにがんばっている様子が映し出されていました。

「がんばってるんだなあ」と、私自身が背中を押してもらったような、温かい気持ちになりました。


人間というのは、**「何かを成し遂げた人」（その人の成果や結果）以上に、「何かを成し遂げるためにがんばっている人」（その人の姿勢やプロセス）に心を動かされる**のですね。

そして、心を動かされた人は、「私も、この人を応援したい」と、フォロワーになっていくのだと思います。

番組を見た後、同級生に「番組、見たよ。勇気と元気をもらいました！」とメールをしたら、「いや、情けない話かなあ、と思っているよ……」と返事がきましたが、全然、情けなくなんかない。どんな状況であっても、「今、自分にできることは何か」を考えて前に進む姿は、むしろかっこいい。

そう伝えたら、「テレビ局のディレクターさんにも、そう言われた」とのことでした。


部下に対しても同じ。

たとえ「かっこよくない」と自分には思えても、「困難にめげずに、想いの実現に向かって行動し続ける姿勢」は持ち続け、見せていきたいものです。そして、これこそが、リーダーシップの本質なのだろうなと思います。

まずは自分へのリーダーシップから

セルフリーダーシップは、誰でも持っているものです。

たとえば、お客様に対して「喜んでもらいたい」と自分なりに工夫をしてサービスを提供したり、仕事が回らなくて困っている同僚やメンバーを「助けたい」という気持ちから、「手伝おうか」と声をかけたり。これらはいずれも、「こうしたい」いう想いから自分にできることを考えて動いているという点で同じです。

「誰でもセルフリーダーシップは持っている」。まずは、このことを知っていただけたらと思います。

というのも、普段、研修やコーチングで多くの女性とお会いする中で、「私には、リーダーシップなんてない」と思い込んでいる方が多いと感じるからです。「持っていない」と思い込んでいたら、せっかく持っていても活用することができませんよね。

人を巻き込むのに大前提となるセルフリーダーシップを、日常の中で意識的に発揮していきましょう。

管理職やリーダーをしていると、大変なこと、理不尽に感じることや意に沿わないこと等に出くわすこともあるでしょう。そんなときでも、「〇〇のせいだ。私にはどうしようもない」と、出来事や相手のせいにして〝被害者〟で居続けるのではなく、「この状況で、私はどうしたいのか」「そもそも何を目指していたのか」に立ち戻り、自ら〝手綱を握って〟行動を起こしていく。そんな皆さんのセルフリーダーシップを発揮する姿勢に影響される人は必ずいます。そして、それが他者へのリーダーシップにつながっていきます。

Hint 03

なぜ、リーダーシップを発揮できるといいのか？

周りを巻き込めば、できることが増えていく

この本を読んでくださっている皆さんは、リーダーシップを発揮したい、もしくは、発揮しなきゃというお気持ちがあって、この本を読んでくださっているのだと思います。

では、改めてお聞きしたいのですが、なぜ、リーダーシップを発揮できるといいのでしょうか？　どんないいことがあるのでしょうか？

その答えの1つは、**リーダーシップを発揮できると、仕事だけでなくプライベートも含めて自分のやれることが増える**からです。

私たちは人間関係の中で生きています。仕事もプライベートも。

仕事であれば、同僚、上司、部下、他部署、取引先やお客様。プライベートであれば、家族、義両親、町内会、マンションの理事会、子どものPTA等々。いろんな人間関係の中に私たちはいます。

そんな中で、「自分はこうしたい」ということを自覚し、その「こうしたい」に向かって自ら動き、周りに働きかけて巻き込むことができるようになれば、できることも増えますし、また、より大きなことができるようになっていきます。

私が思い出すのは、子どもが小さかったときの夫との出来事。

当時、私は家でやっていた仕事に加えて、新たに外で教える仕事に携わろうと思い立ちました。その仕事をするには、週3回、夫に娘の保育園へのお迎えをお願いしなければいけません。でも、夫に話をしてみたところ、その返答はNO。「定時に職場を出て、お迎えに行くのは難しい」とのことでした。

それから悶々とすること、数日間。心に絶え間なくよぎるのは、「私だって、やりたい仕事があるのに」「子育ては夫婦の仕事でしょ」というネガティブなセリフばかり。そのときの私の心の中では、完全に私は被害者で、自ら手綱を手放した状態でした。が、あるとき、ふと思ったのです。私は、仕事も子育ても自分がやりたいからやっている。「もし、自分が1人で仕事も子育てもしているのだとしたら」という発想に立てば、もっと自分にできることがあるのではないか。なんとかすることも可能なんじゃないか。

まずは、今の自分にできることをやってみることにしました。

最初やろうと思っていた仕事は常態的に帰りが遅いため断念しましたが、同じ分野の仕事で単発でもOKなものを、そのときだけ娘をシッターさんにお願いするなどして、引き受けることにしたのです。

単発とはいえ、そのための時間は、娘が私のために提供してくれた時間。そう思って、今の私にできる精一杯のことをやろうと、その間は全力で仕事に取り組みました。

それから数年。その取り組みが実を結び、ちょっとずつ、ちょっとずつ評価をいただけるようになっていきました。

それとともに、ふと気づくと、夫の私に対する見方や行動が変わってきたような気がするのです。私が、制約の中で、何とか自分でできることを探して一歩一歩前へ進もうとしたことへのリスペクト……という感じでしょうか。

状況が許す場合は、彼も保育園の送り迎えをしてくれるようになりました。さらに、泊まりがけの出張もＯＫしてくれるようになりました。

そして今、夫と私、ともにフルで仕事をしています。

私にとっては、当時の行動が、現在の仕事につながっています。

あのとき、被害者で居続けるのをやめたことで、自分の「こうしたい」に気がつきました。それを実現するために自ら動き、全力で取り組んだ結果、夫を巻き込むことができ、やれることが増えていったのです。

リーダーシップを発揮したほうが楽しい

もう1つの理由は、**そもそも人は、リーダーシップを発揮したほうが楽しいと思えるようにできている**からです。

たとえば、仕事の場面をイメージしてみてください。

「とにかく、こっちの指示通りにやってくれればいいから」と、やらされ感満載で仕事をするのと、「こうしたらもっとお客様は喜んでくれるかな」「もっと効率が上がるかな」と自分なりに考えながら主体的に関わって仕事をするのとでは、後者のほうが仕事としては楽しいのではないでしょうか。

自分で考えて行動することで、お客様が喜んでくださったり、効率が上がったりなどの結果につながったら、なお一層、うれしいものです。たとえ結果につながらなくても、自身の成長や学びにつながるという充実感もありますね。

人は、主体性を発揮したほうが楽しめるようにできているのです。そして、この主体性こそがリーダーシップです。

皆さんは、「幸福学」という学問があるのは、ご存じですか?

幸福学とは、幸せのメカニズムやその応用について研究する学問です。その幸福学の第一人者である慶応大学の前野隆司先生は、幸福感に寄与する心的要因として、以下の４つを挙げています。

①「やってみよう！」因子（自己実現と成長の因子）

②「ありがとう！」因子（つながりと感謝の因子）

③「なんとかなる！」因子（前向きと楽観の因子）

④「あなたらしく！」因子（独立とマイペースの因子）

※参考：前野隆司著『幸せのメカニズム　実践・幸福学入門』（講談社）

このうちの「やってみよう！」因子では、夢ややりたいこと、目標を持ち、その実現のために、学習や成長しようとしていることや、自分らしさを活かしていることが幸せに寄与していると伝えています。

ここからも、リーダーシップを自分らしく存分に発揮できることは、仕事と人生を楽しむことにつながることが見て取れます。

Hint

04

私にはリーダーシップなんてない!?

リーダーは「こうでなければ……」と思っていませんか？

「私にはリーダーシップなんてないです……」「私は人のサポートをしていることが性に合っているんです。だから、リーダーシップなんて、とてもとても……」というお声を聞くことは本当に多いです。

お話を伺ってみると、その根底には、リーダーシップを発揮している人のイメージとして、「ぐいぐい皆を引っ張っている人」「社交的で人前に出ることに長けている人」「カリスマ性のある人」などといったイメージ持たれている方が多いように思います。

コンサルティング会社でプロジェクトマネージャーを務めるBさんも、そのようなリーダーシップのイメージに悩まされていた一人です。

「一緒にプロジェクトを進めているクライアント側の責任者とやりとりすると、『リーダーとしてダメ出しされている』ようなストレスを感じてしまう自分がいます。

私の発言に対して、必ずと言っていいほど、自分なりの考え方を伝えてこられるんです。それによって議論が深まり、よりよいアウトプットにつながっているので、これはとてもいい状態だと頭ではわかっています。でも、その責任者から「ちょっといいですか?」と言われるたびに、ドキッとしてしまう自分がいるのです」


これまで彼女が見てきたプロジェクトマネージャーは皆、クライアントに対して、ぐいぐい引っ張っていく人だったそうです。お客様を論破して、相手に『なるほど!』と言わせる人ばかりだったので、彼女の中には、「(プロジェクトマネージャーとして)正しいことを言わなければいけない」「お客様に『なるほど』と言わせる存在でなければいけない」という思い込みがあるようでした。

つまり、Bさんは、ご自身がこれまで積み上げてきた「リーダーのあるべきイメージ」に照らし合わせて、そのイメージに合わないご自身のあり方や状況に心が揺らいでしまうのですね。

リーダーシップの形は人それぞれ

でも、本当に、リーダーは「ぐいぐい引っ張っていって」「相手を論破して『なるほど！』と言わせる」人でないといけないのでしょうか？

リーダーシップ研究の1つ「**パーソナリティ・ベース・リーダーシップ**」においては、次のようにいわれています。

「カリスマ型や変革型のような既存のリーダーシップスタイルよりも、自らの性格や能力上の強みを活かしたリーダーシップをとる方が効果的であることがわかっている。」

※参考：石川淳 著『シェアド・リーダーシップ　チーム全員の影響力が職場を強くする』（中央経済社）

実は、リーダーシップは人それぞれ、それこそ**100人いれば100人のリーダーシップの形がある**のです。

私は、Bさんに、「Bさんは、どんなリーダーになりたいですか？」と聞いてみました。

すると、Bさんは考えながら、こう答えてくれました。

「ぐいぐい引っ張っていくようなリーダーって、かっこいいと思います。でも、私のキャラじゃない。

私が思い浮かべるのは、一人ひとりの意見を受け止め、それに対して、投げかけをして、さらに相手の考えを引き出して、いいアウトプットにつなげていく人。そうやって、みんなの考えを結集して作り上げていくのが、プロジェクトをやっている醍醐味だと思います。

皆が自由に発想・発言できる雰囲気を作りたい。また、そのほうが自分のキャラに合っていると思うんです」

人それぞれ、その人らしいリーダーシップの発揮の仕方があります。

あなたにとって、最も生き生きと発揮できるリーダーシップとは、どのようなリーダーシップでしょうか？

Hint

05 自分らしいリーダーシップを見つけよう

米ゼネラル・エレクトリック社の元CEOジャック・ウェルチが、「あなたは、なぜ20世紀最高の経営者と言われるようになったのですか?」と問われて、「Self Awareness（自己認識力）」と答えたように、そして、同社の元CEOジェフリー・イメルトが「リーダーシップとは、終わりのない自分探しの旅である」と言ったように、**自分らしいリーダーシップを知るために大事なのは、自分自身を知ること**です。

たとえば、

どのように物事や人を捉える傾向にあるのか?
何に気づきやすく、何を見落としやすいのか?
どんな信念や基準を大事にしているのか?
どのようなときに、どんな感情が湧き上がりやすいか?

どのようなコミュニケーションの仕方や人との関わり方を好むのか？
何にストレスを感じやすいのか？
何が強みなのか？　何が弱みなのか？

など、自分自身の思考や行動、感情の傾向や、それらが周りの人に与える影響に注意を向け観察し続けましょう。

そして、自分はどのようなリーダーシップを発揮するのが効果的なのかを考え続けることです。

リーダーシップのスタイル例

自分はどのようなリーダーシップを発揮するのが効果的なのか？

ゼロから考えるのは簡単なことではありません。そのため、自分のリーダーシップの特徴を捉えるための足掛かりとして、ダニエル・ゴールマンの「**6つのリーダーシップスタイル**」をご紹介したいと思います。

①ビジョン型リーダーシップ（Authoritative）：共通のビジョンに向かってメンバーを動かすリーダーシップ。リーダーは、ビジョンを熱く語り、「一緒にやろう」と、メンバーに働きかける。メンバーはビジョンに共感し、ビジョンにつながる自分の仕事の意味を理解し、実現のために一緒に力を尽くしたいと思う。

②コーチ型リーダーシップ（Coaching）：メンバーの性格や特徴を把握しそれらを活かしたやり方を見出すリーダーシップ。メンバーとの対話に心を砕き、信頼関係を築く。メンバーの育成を重視し、能力向上機会につながるよう権限移譲をし、「やってみよう」と彼らの行動を後押しする。

③関係重視型リーダーシップ（Affiliative）：メンバーを大切にし、チームの調和や結束を高めるリーダーシップ。人と人の結びつきを重視。メンバーの気持ちを理解・尊重し、関係性構築に心を砕く。「仲良くやろう」とチームのつながりや共鳴を引き出す。

④民主型リーダーシップ（Democratic）：メンバー全員の意見に耳を傾け、合意をとりながら進めるリーダーシップ。メンバーを意思決定プロセスに参加させ、「意見を聞かせ

て」と、相手の話に耳を傾ける。Win-Winを目指して合意を形成しようとする。

⑤実力型リーダーシップ（Pacesetting）：リーダー自身の実力を示すことで周囲を引っ張っていくリーダーシップ。リーダー本人が非常に優秀で、かつ、達成欲が高く、妥協せずに最高のパフォーマンスを目指そうとする。率先して行動し、「私のする通りやればいいから」と、自分のペースをチームのペースにして部下を引っ張る。

⑥指示命令型リーダーシップ（Coercive）：強制的に指示命令するスタイルでメンバーを動かすリーダーシップ。結果を出すために、リーダーが強力な指揮をとる。必要な場面では、「言う通りにやって」と、自らの決断に確信をもって指示命令を出す。メンバーに対して、これに従うことを求める。

※参考：ダニエル・ゴールマン他 著『EQリーダーシップ』日本経済新聞出版社
Daniel Goleman 著『LEADERSHIP THAT GETS RESULTS』Harvard Business Review Press

なお、リーダーシップの発揮の仕方（スタイル）については、ダニエル・ゴールマン以外の研究者からも、いろんな切り口&名称で提唱がされています。ご興味があれば、確認してみてくださいね。

これらの6つのうち、あなたの発揮しているリーダーシップに一番近いのはどれでしょうか？　それとも、ここにはない、もっとあなた独自の発揮の仕方なのでしょうか？

6つのリーダーシップスタイルをきっかけに、ご自身のリーダーシップの特徴を見極めていっていただけたらと思います。

Hint

06

リーダーシップの発揮を阻むもの

自分の中の「当たり前」

リーダーシップは誰でも持っているものであるにもかかわらず、このリーダーシップの発揮を阻むものがあるとしたら、何だと思いますか？

それは、**自分の中にある「当たり前」**です。

「当たり前」とは、私たちがこの世に生まれてきてから今までの間に蓄積してきた、「これは、こういうものだ」という固定観念や思い込みのこと。

たとえば、私は関西出身なので、卵焼きといえば、出汁味が「当たり前」でした。なので、大学入学とともに東京に住むようになって、お店で出された卵焼きが甘いことに、とても驚きました。東京では、おそらく、卵焼き＝甘い味というのが、多くの人の「当たり前」なのではないでしょうか。

この「当たり前」の存在は、私たちが人間である以上、避けられないものです。私たちの脳は、過去の経験や知識にもとづき、「これって、こういうものだ」と瞬時に思考するようにできています。

以前視聴したNHKの番組によると、「人の神経は1秒間に1100万もの情報を五感で知覚しており、その情報を処理可能な範囲に取捨選択し、無意識に「予測」している」のだとか（NHK「地球ドラマチック　脳が見せるマジックの秘密」2022年3月26日放送）。

まさに、素早く効率的に情報を処理するために必要な脳の機能なのですね。

とはいえ、この「**当たり前＝無意識の中に蓄積された固定観念**」とは、ときとして、私たちに弊害をもたらすことがあります。

というのも、「これって、こういうものだ」と脳が「予測」したことが、実際の状況にそぐわない場合もあるからです。

たとえば、かつての私は、何か新しい役割についたとき、「半年以内には、ひと通りできるようにならなければいけない」と思っていました。転職したときもそうでしたし、昇格したときもそう。おそらく、私のその思い込みは、転職したときの試用期間が3～6カ月に設定されていることが多かったことに起因するものだと思います。

当時は、半年以内に一人前にならないと失格……という感覚を持っていました。だから、半年経っても思うようにできないと、自分に対してダメ出しの嵐。「周りの人はできているのに、自分だけできない」という気持ちになり、さらに自分にプレッシャーをかけて、結果としてどんどん追い詰められ、気持ちも焦って、もっとうまくいかない……なんていうこともありました。

私が、その「半年」の呪縛から解放されたきっかけは、ある記事を目にしたこと。その記事には、「転職後、新しい職場に慣れるまでに通常1年以上かかる」という内容が書かれていたのです。

「なあんだ。だったら、私が半年で慣れていなくても、問題ないんじゃない！」

そう思ったら、それまで自己嫌悪と焦りでパンパンだった心が、ふわっとラクになったのを、今でも覚えています。

その後、目の前のことを一つひとつこなしながらがんばることで、なんとか成果を出せるまでになりました。結局、「半年」と勝手に決めつけて、自分をあそこまで追い込まなくてもよかったな、自分で自分の首を絞めていたなと、あとから振り返って思います。

リーダーシップの発揮を阻む「当たり前」に目を向ける

自分を阻む「当たり前」という点では、リーダーシップについても同じです。

「リーダーシップは、一部の人しか持っていないもの」
「リーダーシップは、人を引っ張って導いていくこと」
「現場を知らないと、リーダーシップを発揮することはできない」
「リーダーは、部下よりも優秀でないといけない」
「リーダーは、部下よりも多くの仕事をこなさなければいけない」

もしかしたら、過去、皆さんが出会ってきた上司や、テレビ番組などで見かけたリーダー像などによってつくられた、あなたの中の「当たり前」が、自分らしいリーダーシップの発揮を邪魔しているかもしれません。

あるいは、上司から「こうすべき」と言われるリーダー像（上司の中の「当たり前」ですね）と自分のあり方とが合わず、悩んでいる方もいらっしゃるかもしれません。実際、研修に参加される女性リーダーの方から、このような悩みも時折お聞きします。

昨今は、変化が激しく予測困難な時代だといわれます。AIに代表される技術革新や、人材や働き方の多様化など、皆さんも日常、急速な変化を感じられているのではないでしょうか。

そんな中、これまで昭和の時代から「当たり前」とされていたことがどんどん陳腐化していっています。リーダー像についてもそうです。

だからこそ、自分の中の「当たり前」に目を向け、「**それって、本当？**」と自分に問いかけたり、「**実際試してみないとわからない**」と自分に伝えてあげたりしてみてください。

そして、まずは、自分がのびのびやれるやり方を試してみてはいかがでしょうか。

Hint

07

環境とリーダーシップ

自分らしいリーダーシップが発揮しづらい場面もある

最後に、第1章の補足として、環境とリーダーシップの関係について触れておきたいと思います。

ここまで、「その人の性格や能力・強みを活かしたリーダーシップが一番効果的」という話をしてきました。これは言ってみれば、その人自身に根差しているという点で、その人にとって、一番発揮しやすいリーダーシップです。まずは、この自分らしいリーダーシップを見つけて大きく育てていきましょう。

その際に、ひとつだけ知っておいていただきたいのが、自分の性格や能力・強みを活かしたリーダーシップが効果を出しづらい環境や状況もあるということです。

コンティンジェンシー理論によると、どのような状況でも、パフォーマンスを発揮できる唯一のリーダーシップというものは存在しないともいわれます。つまり、状況に応じて有効なリーダーシップは異なるという考え方です。

※参考：グロービス経営大学院 著『【新版】グロービスMBAリーダーシップ』ダイヤモンド社
石川淳 著『リーダーシップの理論』中央経済社

これは実際の場面をイメージしてみると、「確かにそうだな」と思います。

たとえば、お客様に納品したシステムに不具合が発生し、お客様の業務に支障をきたしている。すぐにでも不具合を解決しシステムを復活させないと、お客様の事業に大きなダメージが生じる……などというケースでは、とにかくスピードが命です。

この場合、メンバー全員の意見を聞き、彼らの合意を得ながら進めるようなリーダーシップの発揮の仕方は適切とは言えません。むしろ、リーダーがメンバーに指示命令を出してすぐに行動に移せるリーダーシップのほうが適切です。

一方、チームで半年をかけて職場における生産性向上に取り組むというケースでは、メンバーからアイデアを募ったり、メンバーの主体的な行動を支援したりするようなリーダーシップのほうが、メンバーの意欲向上やチーム活性化、ひいては、よりよいアウトプットにつながりそうです。

ここまで2つの例で見たように、環境や状況によって、効果的なリーダーシップのスタイルは異なるということを、少し頭の片隅に入れておいていただくといいと思います。

まずは、自分らしいリーダーシップを見出し、育てる。

そして、その応用編として、環境や状況に合わせたリーダーシップも、取り入れていけるといいですね。

Hint
08

リーダーシップを発揮するために育てたい3つの力

想いを実現させるリーダーシップの育て方

本書のテーマは、「**リーダーシップの育て方**」です。

具体的には、より大きなリーダーシップを発揮するために育てたい力として、次の3つを取り上げたいと思います。

リーダーシップを発揮する原動力となる「**想い**」。

この想いが心の奥底から湧き出たものであるからこそ、意欲、本気や覚悟という大きなエネルギーが生まれます。それが、周りへの影響力につながっていきます。

次に、想いを実現するための「**巻き込み力**」。

図1 › リーダーシップを発揮するために育てたい力

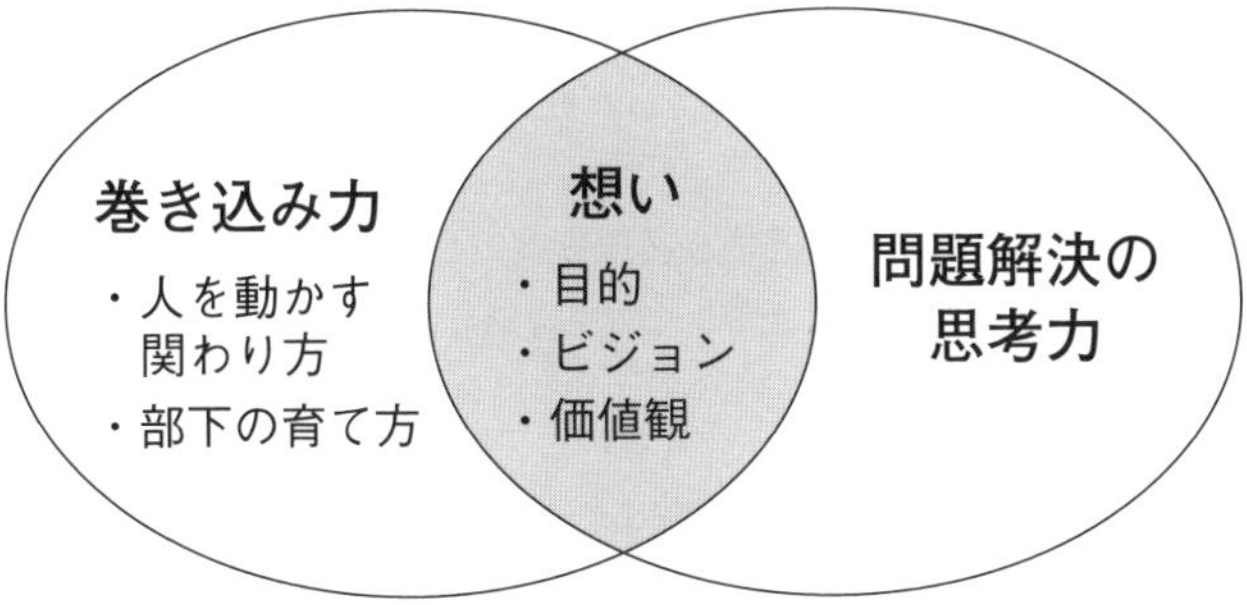

私たちが1人でできることには限りがあります。想いを実現するためには、周りの協力が欠かせません。自らの影響力に自覚的になるとともに、さらに周りの協力を得るための力を高めていきましょう。

最後に、「**問題解決の思考力**」。

実際に、想いを実現するためには、何にどのように取り組めばいいのか、考える力が必要です。これを問題解決の思考力と呼んでいます。たとえ未知の分野でも、正解がわからなくても、考える力があれば、きっと想いの実現にたどり着けるでしょう。

それでは次章から、これら3つの力について、見ていきましょう。

Column 1

「当たり前」の怖さ

以前、読んだ『リード・ザ・ジブン　ユニクロで人材育成の責任者をやってみた。』という書籍に、興味深いことが書かれていました。

「シングルマザーの経済的自立支援の最大のボトルネックになっているのは、実はスキルとか能力の問題ではなく、主婦脳というマインドセット・自己肯定感のなさにある。

主婦脳のシングルマザーは、「自分にそんな仕事は無理、営業なんてやったことない、事務職しかない、子どもがいるからパートくらいしかできない、近所でないとダメ」等の低年収に陥らざるを得ないマインドセットが年収アップを阻んでいるというのが江成代表理事の見方です。」

※宇佐美潤祐 著『リード・ザ・ジブン　ユニクロで人材育成の責任者をやってみた』（東洋経済新報社）より抜粋・要約

シングルマザーの置かれている状況は人それぞれ異なると思いますので、皆さんがそうだとは言い切れないとは思いますが、とはいえ、経済的自立の最大のボトルネックがスキルとか能力ではなく、主婦脳というマインドセット・自己肯定感のなさだということは、読んでいて私も驚きました。

と同時に、もしそうだとするならば、私を含む人間誰しもが持っている「**自分が自分に対して無意識に課してしまう枠＝当たり前**」とは、なんと怖いものだろうと思わずにはいられませんでした。

自分の中の「当たり前」に目を向けて、自分で自分に制約を課していないか、意識を向けてみることも大切だと、改めて感じました。

第2章

巻き込み力①

Win-Winの関係をつくる！
人を動かす関わり方

Hint

01

巻き込むってどういうこと？

お互いが協力し合う関係をつくる

第1章でお話ししたように、私たちは、人間関係の中で生きています。仕事も、そして、プライベートも。そんな中で、**自分の想い――自身がやりたいこと、やったほうがいいと思うことを実現していくためには、周りの人の協力を得ることが欠かせません。**

周りの人の協力を得る……これは、どうしたらいいのでしょうか？　どうすれば、協力をお願いする人、協力する人、双方とも気持ちよく動けるのでしょうか？

上司と部下、親と子の関係であれば、「指示命令」というアプローチもありますが、特に、これからも関係が続く職場や家庭などの場合、できれば相手の共感を得ながら、お互いに気持ちよく、協力できたらいいですよね。

また、昨今は「多様化の時代」と言われるように、いろんな属性の人と働いたり交わったりする機会が増えています。そうなると、自分とは年代も、立場も、価値観や考え方も、全く異なる人の協力を得ながら、何かを成し遂げなければならない場面も増えてくることでしょう。

一見、自分とは相容れないようにも見える相手だと、共感を得ながら協力を得るというのは、ハードルが高そうです。ですが、そのような相手であっても協力を得ることができれば、これまでにない新しいものを生み出していけそうです。

第2章では、どうすれば、相手の共感を得ながら協力を得ることができるか、その方法について探っていきたいと思います。

誰に、どんな行動をとってもらいたいのか？

まず改めて、人を巻き込むってどういうことなのか、考えてみましょう。

たとえば、あなたが、職場の業務効率を上げて、職場のメンバーの残業時間を削減したいと考えているとします。業務効率化を進めるにあたって、あなたが、以前いた職場で業務効率化を行なった経験があるCさんに、本活動に協力して知見を提供してもらいたいと思っているとしたら、実際にCさんに知見を提供してもらうことは「Cさんを巻き込む」ということになりますね。

要は、「人を巻き込む」とは、**ある実現したいことのために、人に、こちらの期待する行動をとってもらう**ということです。

そして、最初に明確にしたいことは、あなたにとっての「巻き込む」とは「**誰に、どんな行動をとってもらいたいのか？**」ということです。

まずそこが明確にならないと、誰に、どのように働きかければいいか、検討することができません。たとえば、あなたが進めたいと思っている活動について上司を巻き込むとして、その上司に、単に「活動を承認をしてほしい」のか、あるいは、「○○部署の○○さんに協力してくれるよう話をつけてほしいのか」「活動を進めるうえで、リソースとして人を確保してほしいのか」など、上司に期待する行動に応じて、上司に伝えるべき情報やアプローチも変わってきます。

冒頭の「業務効率化活動」のCさんの例でいえば、

・相手＝Cさん

・期待する行動＝業務効率化活動に協力し知見を共有してもらう

ということですね。

目的を共有すれば、人に協力してもらいやすくなる

相手&期待する行動に加えて、もう1つ押さえておきたいのは、**「巻き込む」ことの目的**です。

「人を巻き込む」という行動の背景には、目的があります。先ほどの例でいえば、「職場の業務効率化を進める。その結果として、職場のメンバーの残業時間を削減する」ということが目的ですね。これを実現するために、人を巻き込みたいということになります。

さらに、この目的を突き詰めると、メンバーの残業時間が減ることによって皆がワークライフバランスの充実を図れる、また、業務効率化によって空いた時間をより新しい仕事、イノベーションに振り分けることができる、ということがあるかもしれません。

人を巻き込もうと思うとき、まず目的を押さえることはとても大事です。というのも、この目的が「誰に、どんな行動をとってほしいのか?」を考える起点になるからです。また、その目的が共感を得やすいものであればあるほど、相手の心を動かし協力してもらいやすくなります。

この「目的」は、言い換えると、リーダーシップの起点でもある「実現したいこと」です。そして、その実現したいことに、どれだけの熱量があるのか、どれほど相手の共感を生むのかということが、巻き込みたい相手に対する影響力を左右するということです。

1つ例を挙げましょう。

以前、私のところに、寄付のお願いが書かれたDMが届きました。まずレターを見ると、「途上国における活動について、一口○○円の寄付をお願いしたい」とそこには書かれていました。これを見ただけで、私の心が動いたかというと、残念ながらそうではありませんでした。というのも、寄付のお願いというのはいろいろなところで出会う機会があり、そのうちの1つという感覚しか持てていなかったからです。

ですが、そのDMを読み進め、そこに掲載された写真を見るうちに、その途上国における活動が、私の子どもと同じくらいの年齢の子どもたちの置かれた過酷な状況を少しでも改善するためのものであることが心に迫ってきて、結果的に、私は寄付をするに至りました。

何が言いたいかというと、**「なぜ、それをしたいのか？」に心が揺さぶられると、人は動く**ということです。だからこそ、その目的が利他的で、かつ、共感的であればあるほど、大きな影響力を持つのだと思います。

人を巻き込みたいと思うとき、あなたは、その理由、目的を自分の中で明確にすることができているでしょうか？　相手に語れるくらい、言語化することができているでしょうか？

Hint
02

まず相手を知ることから始めよう

相手が異なれば、対応も異なる

巻き込むというのは、目的を実現するために、他者に、こちらが期待する行動をとってもらうことだとお話ししました。

そして、その第一歩として、そもそも目的は何なのか、誰にどのような行動をとってもらいたいのかを明らかにしましょうとお話ししました。

続いて、考えたいことは、巻き込む「相手」についてです。

相手は、どのように働きかけたら、こちらの期待する行動をとってくれるでしょうか？

その答えを出すためには、**まず相手のことをよく知る**ことが大切です。

というのも、相手によって性格や価値観、物事の捉え方、置かれている立場や状況等が異なるからです。

何が大事なのか？　どのように物事を捉える傾向があるのか？　何が気になっているか？　どのようなコミュニケーションを好むのか？　等々。ここを押さえておかないと、効果的に相手に働きかけることができず、結果として物別れになる可能性だってあります。

実際、この点で、私は手痛い失敗をしたことがあります。

かつて一緒に仕事をしていた上司のDさんは、私にとって、とても一緒に仕事をしやすい上司でした。

その上司に対しては、私は、単に会議で通りいっぺんの話をするだけでなく、メールを通じて、会議で十分に話せなかった私の意見の背景や心情も含めて、ざっくばらんに自己開示をして話していました。

普段、その上司から返事はなかったものの、それによって私が何を考えどう感じているか、上司も知ることができるので、上司にとってもその情報（メール）があることは助かることのようでしたし、また、それによって上司との信頼関係を築いている感覚がありました。何か突発的に上司の助けを借りなければいけないときも、普段からそのように情報共有していたことから、スムーズに助けを借りることができていました。

その後、一緒に仕事をするようになった、別の上司Eさんに対しても、私は同じような行動をとりました。つまり、会議で話ができなかった分、メールで私の考えたことや感じたことを共有したのです。

私の中で、Dさんとのことが成功体験としてあり、結果として、そのほうがEさんとの関係を築くことになると思っていました。

ですが、実際にふたを開けてみたところ、そうではなかったことに気がつきました。私がオフラインのところでいろいろと伝えてくることを、Eさんは逆に、マイナスに捉えてしまったのです。おそらく、私が彼に取り入ってくるような、そんな印象を持ってしまったのだと思います。

私自身はそんなつもりは全くなかったものの、それ以降、Eさんとはうまくいかないようになってしまいました。

このように、相手によって、何が「当たり前」なのかも異なります。だからこそ、相手をよく知り、相手の「当たり前」を踏まえて、相手に働きかけることが大切なのです。

✓相手のことを知るときのポイント

相手について知っておくとよい主な項目は、次の通りです。

- **属性（世代、役職や立場、利害関係など）**
- **テーマに対する基本的な態度（反対か賛成か）**
- **テーマに関する知識の度合い**
- **関心やニーズ、気になっていること**
- **性格や思考・行動特性**

それぞれについて、説明していきましょう。

・属性

まず相手の世代や役職や立場などによって、そもそも見ている世界が異なるということを理解しておきましょう。たとえば、20代と50代では、これまで生きてきた時代背景や価値観が異なりますし、実務担当者とマネージャーとでは、その役割や責任が異なることから、見ている業務の範囲やスパン（期間）が異なります。また、営業と工場とでは、一般的に営業が売上に目を向けがちなのに対して、工場ではコストに目を向けがちなど、これまた視点が異なりますね。

・テーマに対する基本的な態度

今回、巻き込みたいテーマ（目的や内容）に対して、その相手がどのような基本態度を有しているかも押さえておきましょう。

態度の種類は、大別すると次の5つがあります。

①抵抗（行動が伴う）
②反対（行動は伴わない）

③中立
④賛成（行動は伴わない）
⑤協力（行動が伴う）

①に近いほどネガティブ、⑤に近いほどポジティブな態度となります。相手は、現状、どのような態度をとっているのか、また、その態度がどのように変化をすれば望ましいのか、を押さえておきましょう。

ちなみに、組織を巻き込もうとするとき、必ずしも組織の関係者全員に「協力」になってもらう必要はありません。テーマに対する相手の立ち位置によっては、単に「反対」から「中立」になってもらえさえすればいい（つまり、反対さえしなければいい）ということだってあります。

・テーマに関する知識の度合い

相手は、そのテーマについてどのくらい知識を持っているのか、確認しておきましょう。

全く知識や経験を持たない人に対してアプローチするのと、逆に、知識や経験が豊富で専門家というレベルの人に対してアプローチするのでは、やはり使う言葉や説明の仕方や深さが変わってきます。

もう1つ、知識の度合いとして押さえておきたいのは、そのテーマの「前提」を、相手がどこまで知っているかということです。たとえば、「今、世の中の変化が激しい中で、このテーマに取り組まないと、ビジネスが立ち行かなくなる」「すでに○○部長の承認は得ている」「お客様から○○といったリクエストが実際にきている」「このテーマに関する基準値は○○」など、前提となる状況や条件について、知っている相手に話すのと、知らない相手に話すのとでは、何をどこまで話すべきなのかが変わってくるからです。

この「前提」というのは、けっこう厄介です。というのも、「前提」は、自分にとっては「当たり前」なので、そもそも「相手が知らないかもしれない」という視点（問い）を自分の中に持っていないと、相手が「前提」を知らなくても、それに気づけないからです。

余談になりますが、この前提の共有ができているか否かが、私たち夫婦が揉める要因となることがあります。

たとえば、家族で夕食をとった後、私が皿洗いや洗濯、娘の宿題対応など、いろいろやっている脇で、夫は何もせずくつろいでいるように見えたことがありました。どうしても、いらだちを押さえることができず、夫に向かって「ちょっと、洗濯かお風呂を沸かすか、どちらかやってくれない!?」と、怒りながらお願いしたところ、「いや、今日、ちょっと体調が悪くて頭痛がするから早く寝たい……」と、夫はぼそっと口にしました。

それを聞いた途端、こちらの怒りはすーっと消えていき、「大丈夫?」という言葉が出てきました。と同時に、「体調が悪いなら、早くそう言ってくれる?」と思わずにはいられませんでした。

とても個人的な例でお恥ずかしい限りですが、前提情報が共有されていないことが、すれ違いや誤解を生む、ひとつの例です。

・関心やニーズ、気になっていること

組織において、何に関心があるかというのは人それぞれです。手柄、昇進や昇給に関心があるという人もいれば、上司や周りの人にどう思われるかが気になるという人もいます。あるいは、仕事量や他の業務との兼ね合いが気になるという人もいれば、自身の成長につながるかどうかに関心があるという人もいます。チャレンジングなことをやりたいと

思う人もいれば、大きな変化は好まず、安定的に過ごすことが大事という人もいます。

相手が何に関心やニーズがあるのかを知っていたほうが、それを踏まえて巻き込み方を考えることができます。

ちなみに、先ほど、「基本的な態度」のところで、「抵抗」や「反対」といったネガティブな態度についてご紹介しましたが、この「反対」「抵抗」の根っこにあるものも、人によって千差万別です。たとえば、

・前例がないこと、未知のものへの抵抗感、不安や恐れ
・新しいことの適応に時間や工数、エネルギーを割かなければいけないことへの抵抗感
・自分にはできないかもしれない、自信がない、自分の弱みが露呈してしまうのではないかという不安や恐れ
・そのテーマの目的を達成することが、自分の今の仕事や役割、権限を失ってしまうのではないかという不安や恐れ
・自分が過去作り上げた仕組みやプロセス等が、他のものに取って代わられることへの抵抗感

などといった、さまざまな不安や恐れという場合もあるでしょう。もしかしたら、テーマに関する事実や状況を誤って認識していたり、一部しか理解していなかったり、ということもあるかもしれません。

あるいは、単に理解できないから反対するというパターンもありえます。というのも、わからないものに従って変化しろと言われるより、今のままのほうがいいと考えるものだからです。

反対や抵抗の理由は本当にさまざまですので、巻き込みたい相手に対しては、可能な限りしっかりと分析できるといいですね。

・性格や思考・行動特性

ここまで挙げた項目以外にも、性格や大事にしている価値観や考え方、好むコミュニケーションのとり方など、人それぞれです。やはり、これらもできる限り把握できたほうが、相手に働きかけやすくなります。

たとえば、単刀直入に話を切り出されたほうが話を受け止めやすいという人もいれば、状況説明から始めて順を追って詳細に説明されたほうが受け止めやすいという人もいるでしょう。ワクワクするようなビジョンとともに話をされるとやる気になるという人もいれば、とにかく根拠が明確に示されるかどうかが大切という人もいるでしょう。相手の特性について、可能な限り押さえられるといいですね。

さて、ここまで、相手について押さえたい事項を見てきました。これらを踏まえたうえで、最後、**相手にとっての「決め手」**、つまり、相手にとって「協力するかどうかを判断するうえで、何が一番大事なのか」を考えていきましょう。

Hint

03

相手に働きかける

人を動かす３つの要素

巻き込みたい相手について知ることができたら、いよいよ相手に働きかけていきます。
これにあたり、まず、相手の心を動かすために意識しておきたい３つの要素について見ておきましょう。

人を動かす要素は、次の３つだといわれています。

- **論理**
- **感情**
- **信頼**

この3つを提唱したのは古代ギリシャの哲学者、アリストテレスということですから、人間というのは、その当時から今まで、本当に変わらないということですね。

・**論理**

これら3つのうち、ビジネスパーソンにとって一番わかりやすく、かつ、普段から意識しやすいものは「論理」ではないでしょうか。

私たちは、社会人になって以降、論理的であること、わかりやすく話すことを、研修で学んだり上司から言われたりします。確かに、「何を言っているのかわからない！」というのは人を巻き込む以前の問題ですから、論理的に、つまり、簡潔に、筋道立てて、わかりやすく話すことは必須ですね。

論理的であるための条件を簡単に書くと、

「要は何？」（結論）
「それって本当？」（因果関係）
「それで全部？」（網羅性）

以上3つを意識することだと思っています。

「要は何？」というのは、最も言いたいこと、つまり、結論が明確になっているということです。たとえば、「どのパソコンがおすすめですか？」と聞かれたにも関わらず、「Aというパソコンは……で、Bというパソコンは……で、Cというパソコンは……で、……」と散々語ったあげくに、どのパソコンがおすすめかという点が明確になっていなければ、「で、要はどれがおすすめなの？」となってしまいます。

「それって本当？」というのは、結論を支える根拠が明確になっており、結論と根拠がしっかりと因果関係でつながっているということです。たとえば、「Aというパソコンがおすすめです」と単に結論を伝えるだけでなく、「なぜなら、最新の機能が搭載されているからです」と、結論としっかりつながった根拠を伝えることで、初めて納得感が生まれます。

「それで全部？」というのは、結論を支える根拠が網羅されているということです。たとえば、おすすめのパソコンを聞いた相手が、パソコンの機能だけでなく、デザインや価格も気になっているということであれば、「Aというパソコンがおすすめです」という結論に相手も納得するためには、根拠として、機能だけでなくデザインや価格について触れられていることが必要になります。

これら3つの観点は、第4章「問題解決の思考力」の中でも出てきますので、あわせてご参照いただけたらと思います。


さて、私を含め、ビジネスパーソンにとって陥りやすいことだと感じるのは、〝論理的〟に正しいことを言っていれば、相手は納得するに違いない、もしくは納得すべきだと思ってしまうことです。

実際、研修の受講者さんからも、「普段から部下に対して論理的にわかりやすく話しているつもりですし、実際、私の言っていることは正しいのです。にもかかわらず、なぜ部下が動かないのか、わからないのです」といったご相談を受けたことがあります。

こうしたケースの場合、もしかしたら、3つの要素の残りの2つに意識を向けられていないということかもしれません。

・感情
これは、相手の感情に配慮する、相手の心に響くように働きかけるということです。

皆さんは、「言ってることはわかるんだけど、でも、やりたくないんだよね……」ということはないでしょうか。たとえば、上司から「海外の取引先とのやりとりも増えると思うから、今のうちから英語の勉強をしておいたほうがいいよ」と言われたものの、「言ってることはわかるけど、業務で忙しくてそれどころじゃないんだよね」と思ってやらなかった、なんていうケースです。

この場合、頭では理解できる（論理はわかる）、けれども、心が動かない（感情が揺さぶられない）ということが起こっています。

このようなケースでは、たとえば、ある日、職場で電話を取ったら、相手が英語で話しかけてきた。だけど、ちんぷんかんぷん。結局、自分では対応できず、メンバーに代わってもらった。このときに、「あ、ちゃんと英語勉強しなきゃ！」とつくづく思った……というように、心が動いて初めて行動につながるのですね。

相手の感情面に配慮することの大切さは、以前、転職先のメーカーで組織横断の業務改革に携わったときに、いやというほど思い知らされたことがあります。

当時、サプライチェーンマネジメント（ＳＣＭ）という分野において複数存在していたオペレーションを1つに統合するというミッションを担うことになりました。

まず統合後の「あるべき状態（ゴール）」を描き、そのあるべき状態を実現するために、関係者に働きかけることになりました。SCMという業務の性質上、関係者は、製造、物流、倉庫、マーケティング、営業、カスタマーサポート、情報システムと、多方面にわたります。私は、それぞれの部門の部課長やキーパーソンを訪問し、「こういうことを実現したいので協力してもらえないか？」と訴えて回りました。

話してみた感じの反応は、「ま、いいんじゃない？」「だったら、こういうことも考えてよ」さまざまな反応ではあったものの、特に反対はありませんでした。「あ、これなら大丈夫そう」と思ったことを覚えています。

ですが、実行という段になって、ショックなことが起こりました。そう、誰も動いてくれなかったのです。本当に、誰も。

「え、なんで……？」とわけがわからず、ショックで、どうしたらいいかわからず途方にくれました。それに追い打ちをかけるように、「小川さん、そんなことやってるんだったら、もっとこっちをやってくれたらいいのにね」といったような声まで聞こえてくる始末。

そんな中、私にとっては比較的話しやすかった営業の課長に「なぜ、みんな動いてくれないんだろう」と相談してみました。

すると、彼いわく、「小川さんの言ってることって、きれいなんだけど、心に響かないんだよね」と一刀両断。

私は、思ってもみなかった言葉に愕然としました。


でも、今ならよくわかります。このときの私には、完全に抜け落ちていた視点があったのです。それは、まず関係各部署や関係者と信頼関係を築くこと。彼らの立場や利害、思いや考えを理解すること。そして、彼らにとって受け取りやすいよう進めていくこと。

何者かよくわからない、入社したばかりの女性が、本当にできるかどうかもわからないような理想像をいきなり持ってきて、「こういうオペレーションにすべきです」「協力してください」とお願いするのです。

今振り返ってみれば、おそらく相手は、

「いきなり何言ってるの?」

「そもそもあなたは誰? この会社のこと、まだよく知らないんじゃないの?」

「それって本当に必要なことなの?」

「どうせ面倒なことなんでしょ」

「今のオペレーションだって回っているわけだし、別に変えなくていいんじゃない」

「そんな理想を語っている暇があったら、今起こっている製品の欠品をどうにかしてよ」

そんな疑心暗鬼、反発の気持ちだったことだろうと思います。

このような気持ちになるであろうことをしっかりと想像し、一方的に理想像を押しつけるのではなく、彼らと対話を通じて、気持ちを受け止めたうえで一緒に新しいオペレーションを作り上げていたら……。

きっと違った結果になったのではないかと思います。


結局、この業務改革は一度とん挫しかかり、仕切り直しをすることになったのですが、私にとっては苦い思い出とともに、大きな学びとして記憶に残っています。

相手はどういう状況にあるのか、相手にとって何が大事で何がそうでないのか、何に関心があるのか、どうすれば自分事として捉えてもらえるのか…など踏まえたうえで、どうすれば相手の心に届くのかをしっかり考えて進めることが大切だと実感しています。

・信頼

信頼も同様に大切な要素です。やはり、信頼できない相手に対して誰も協力しようとは思わないからです。だからこそ、私たちは普段から信頼づくりに努めたいものです。

前述の業務改革の例でいえば、中途で入社してすぐの私は、これまで長年勤務してきた社員にとって、「信頼できるかどうか」未知の存在であったと思います。そんな段階で、いきなり業務改革を始めてしまった私は、「信頼」という点でも配慮が足りなかったといえます。

では、どんな行動が相手への信頼につながるのでしょうか？　皆さんにとって、「信頼できる人」は、普段、どんな行動をとっていますか？

たとえば、次に挙げる行動は、「信頼できる人」に共通して見られる特徴なのではないかと思います。

・約束を守る
・裏表がない
・言行一致

・責任感がある、逃げない
・他者を尊重する
・右記の行動が一貫している　　など

ぜひ、あなたにとって「信頼できる人」とはどういう人なのか？　周りの人を観察してみてください。そして、日頃から「信頼できる人」の行動を積み重ねることで、少しずつ信頼を築いていってくださいね。

Hint 04

相手の心に届ける

ここまで、論理・感情・信頼といった要素を意識して相手に働きかけていきましょうという話をしてきました。この項では、相手の共感を得ながら巻き込むために、さらに押さえておきたいことをお話しします。

まずは相手の話に耳を傾ける

私たちは、人を巻き込もうとするとき、こちらの熱意や想いを伝えたくて、あるいは、要望を聞いてくれるよう相手を説得したくて、ついつい一方的に話してしまいがちです。でも、それで本当に、相手は動いてくれるでしょうか。

相手には相手の、状況や立場、心配事や気になっていること、要望等があります。まずは、それらをしっかりと聴き、受け止め、理解する。この姿勢が大切になります。

私たちは基本的に、**「ちゃんと理解してもらえている」と思えてからでないと、相手の話に耳を傾けることができない**のです。

これは、モノを買うときの場面（セールスを受ける場面）を想像してもらえると、わかりやすいのではないかと思います。たとえば、デパートで洋服を見ているとき、店員さんが一方的に「これ、おすすめですよ」「今年の新色なんです」「今の季節、これがあると便利ですよ」などと言われても、なかなか心に響きませんし、逆にうざったく感じてしまうこともあります。

一方、店員さんが、こちらの服の好み、ライフスタイル、今回、洋服を買おうと思った背景や目的などをよく聞いて理解したうえで、「であれば、たとえば……」と提案してくれると、その店員さんの話やおすすめを聞こうかなという気持ちになりやすいです。

巻き込む側（働きかける側）の立場でいうと、まずはこちらが相手のことを理解してからでないと、相手にこちらの話を聞いたり理解したりしてもらえません。その順番を忘れないことです。

相手の状況や立場、心配事や気になっていること、要望等を理解できたら、相手と一緒に、お互いがOKと思える解決策を見出していきましょう。つまり、**お互いにとってWin-Winとなる解決策を見出していくということです**。

このとき大事なのが、自分が最初に出した要望（相手に期待する行動）に固執しないこと。

たとえば、相手に対して「業務効率化活動に力を貸してほしい。メンバーとして取り組みに参加してもらえないか？」と働きかけたとします。相手は、「面白そうだし、新たな経験を積むこともできるし、やってもいいかな」と思った一方で、「今、自分が抱えている別案件が忙しく、そんな中で新たな活動に十分には時間が割けないな」と気になっていることがわかりました。

その場合、「現在、別案件に従事していて時間に余裕がないとのことなので、すべてを協力してもらうことは難しいけれど、合計2回のミーティングだけでいいので参加しても

▶ Win-Winを目指す

らって、そこで知見を共有してもらうことはできないだろうか？」と相談するなど、相手の許容範囲と、こちらの許容範囲が重なる部分を対話を通じて見出していきましょう。
相手も、こちらが相手の話をちゃんと聴き受け止めたうえで、「どうすれば、その状況で、お互いにとってWin-Winとなれるか」を考えてくれたと感じられたなら、より前向きに検討してくれるでしょう。

そのときの相手との関係は、勝つか負けるか（こちらの要求をのんでもらうか、否か）ではなく、**お互いにとってベストな結論を一緒に協力しながら考えるパートナー**です。そんな姿勢で臨みたいものです。

Hint

05

組織を巻き込む

誰がキーパーソンか？　を見極める

ここまで、周りを巻き込むときの基本的な考え方を見てきました。

この応用編として、この項では、組織を巻き込むときに押さえておくとよいポイントについて触れておきたいと思います。

通常、組織において何かを実現しようとするとき、その実現にあたってはいろんな関係者が関わっていることが多いです。そのような関係者の中で実現するためには、誰を巻き込むことが必要でしょうか？　言い換えると、**誰がキーパーソンなのでしょうか？**　これを見極めることが大切です。

それができないと、やみくもにいろんな人にあたったにもかかわらず、結局、目的の実現に至らず徒労に終わる……なんてことになりかねません。

私たちの持っている時間やエネルギーは有限です。これらを有効に活用して物事を進めるためにも、誰がキーパーソンなのかを見極めることが必要になります。

キーパーソンの見極めるときの観点

キーパーソンを見極めるにあたっては、目的を達成するための道筋（ステップ）を考えてみるといいでしょう。

たとえば、例として挙げた業務効率化ということであれば、次のようなステップが想像できます。

①業務の洗い出し
②業務の分析と効率化の余地がある業務の選別、選定
③選定した業務の効率化検討

④効率化の対策実施

この一連の手順において、どのタイミングにおいて、誰を巻き込むことが必要でしょうか？　その中でも、必要不可欠な情報を持っている人や、意思決定に欠かせない人など、〝マスト〟な人物は誰でしょうか？

キーパーソンを考えるうえでは、組織における影響関係を見極めることも大事です。組織においては、職位や権限に基づく影響関係のほか、より非公式で感情的な影響関係も存在します。たとえば、創業時から働いている、勤続年数が長い、同期同士である、同じ学校出身、趣味が同じでプライベートで付き合いがある、などの理由で、職位に関係なく組織内で一部の人に対して影響力がある……なんてこともあります。その点も踏まえたうえで、誰を巻き込むべきかを考えましょう。

いったんキーパーソンを洗い出せたら、それぞれの相手について、「どんな行動をとってほしいのか」を考えていきます。それは、本章1項でお伝えした通りですね。

「業務効率化活動」の例でいえば、次のようになります。

【相手】
上司
α部署の課長
情報システム部のbさん

【行動】
その業務効率化を実施することを承認してもらう
その部署のデータを使用する許可をもらう
その業務効率化にまつわるα部署のデータを提供してもらう

キーパーソンへのアプローチ

最後に、どういう順番でキーパーソンにアプローチしていくかを考えます。

このとき、アプローチの方法には**直接的にアプローチする方法と、間接的にアプローチする方法がある**ということも押さえておきましょう。というのも、「すべて自分がアプローチしなければならない」と無意識に思い込んでいて、直接的にアプローチすることしか選択肢として持てていないケースをたびたび見かけるからです。それだと、相手との仲がうまくいっていない場合、もしくは、そもそも相手との接点が自分にない場合、他の選択肢が見つからず、袋小路に入り込んでしまいます。

一方、間接的にアプローチする方法も取り入れられると、選択肢が広がります。

このとき大事なのが、前述のように**組織における影響関係を見極める**ことです。たとえば、キーパーソンがF部長だったとします。ただ、自分にはF部長との接点や関係性がつくれていない場合、F部長に影響を及ぼし得るのは誰かという観点を考察します。

たとえば、普段、自分が接しているG課長がF部長と接点がある、たびたび一緒に仕事をしているということがわかれば、G課長にお願いしてF部長を紹介してもらう、F部長に働きかけてもらうという選択肢も考えられますね。

Column 2

ヘルプシーキング――人に助けを求める力

育児や介護など多様な事情を抱えていたり、リモートワークでお互い様子が見えにくかったりすることが“普通”になりつつある昨今、チームとして成果を出していくには、メンバー一人ひとりが適切に「助けてほしい」と声をあげて、臨機応変に協力し合うことが大事になります。

先日、これを実感する出来事がありました。一時期、子どものことなどプライベートで立て続けにいろんなことが起こって、精神的につらい状態が続きました。でも、誰にも言えず、泣きたくても泣けず、なんとなく抱え込んだままで、心がパンク寸前。このままじゃ本当にまずいと思い、ようやく周りにヘルプを求めることにしました。親しい友人に話して吐き出させてもらったり、本書の編集者さんに本書の原稿の進捗について相談したり……。ご両親の介護中だという編集者さんは、私にこんな話をして寄り添ってくださいました。

「私自身、介護で心身が疲弊して、仕事も今までみたいにがんばれなくて、でもギリギリまでがんばりたい自分のエゴのせいで、皺寄せが周りの人たちにいくようになってしまって、著者からお叱りを受けたりもして……。介護そのものというよりは、それが一番しんどかったです。自分のキャパオーバーを自覚しないと、結局、周りに迷惑をかけてしまうんですよね」

彼女の温かい言葉は本当に心にしみて、「勇気を出して話してよかった」と思うと同時に、にっちもさっちもいかなくなる前に「助けてほしい」と声をあげることの大切さを学んだように思いました。

皆さんは、「**ヘルプシーキング**」という言葉をご存じでしょうか？

これは、「**一人で抱え込まず、周りに助けを求めるスキル**」のこと。多様性の時代、ヘルプシーキングは、自分自身にも、メンバーにも抱え込ませず、連携と成果を両立するアプローチとして注目されているそうです。

あなたは、自分のキャパシティと相談しながら、必要に応じて周りにヘルプを求めることができているでしょうか？

第3章

巻き込み力②
モチベーションに火をつける！部下の育て方

Hint
01

部下のモチベーションを上げる方法

意味づけが変わるとモチベーションに火がつく

普段、コーチングを通じてクライアントさんの目標達成を支援していますが、その中で感じるのは、**意味づけの大切さ**です。

皆さんは、「やろう」「やらなきゃ」と思いつつ、なかなか重い腰が上がらない、行動に結びつかないということ、ありませんか？　これまで「やろう」としても重い腰が上がらなかった人が、それをやることの意味づけが変わった途端、つまり、自分にとってやることの意味が腹に落ちた途端、急にやる気になって行動につながる様子をたびたび見てきました。

私自身も、意味づけが変わったことで気持ちや行動が変わった経験があります。

今、私が通っている歯医者さんは、虫歯になったことがきっかけで通い始めたのですが、もともとこの歯医者さん、虫歯の治療以上に、予防（予防歯科）に力を入れていました。そのため、「虫歯の治療後も、３カ月に１回、メンテナンスのために通ってください」と言われたのです。

最初、こう言われたとき、実はあまり気が進みませんでした。「虫歯が治ったんだし、いいんじゃないのかな」「時間と労力とお金をかけて、３カ月に１回も通うのは面倒だな」って。ただ、あれやこれやと考えているとき、ふっと私の頭の中にこんな言葉が浮かびました。

「でも、よく考えたら、美容院には月１回通っているじゃない。髪のメンテナンスを月１回するのだったら、歯のメンテナンスを３カ月に１回するのもありじゃない？」

これが、自分の中ですごく腹落ちしたんですね。

このように「３カ月に１回、予防歯科に通うこと」の意味づけが自分の中で変わった結果、全く抵抗がなくなり、むしろ、必要だという気持ちになり、実際、３カ月に１回通って早10年、今に至ります。

部下が意味を見出す支援をする

上司としては、メンバーが、依頼された仕事やチャレンジの機会に対して、より前向きな姿勢で取り組めるよう、意味づけを支援したいところです。そのためにできることの1つは、**部下が新たな視点を得られるような質問を投げかける**ことです。

先日、「多くのお客様にお申込みいただくために、○○をやらなきゃと思っているけれど、なかなかできない」とおっしゃっていたコーチングのクライアントさんに対して、「では、□□さん（＝クライアントさん）が、お客様の数を増やすためにやりたいことは何ですか？」と聞いてみたら、少しびっくりされていました。

「やりたいこと」という観点では考えてみたことなかった。でも、「やりたいこと」という方面から考えると、気持ちが上がりますね、とのことでした。

「**視点を変える・増やす質問**」が、部下が新たな意味を見出すきっかけになるかもしれません。たとえば、

「したいことは何？（しなければいけない（have to）vs したい（want））」

「制約が全くないとしたら？」

「長期的に見ると？（短期 vs 中長期）」

「なぜあなたにお願いしたのだと思う？」

「他のことに例えると、当てはめると？」

「今、この経験をすることに、どんな意味があると思う？」

「それがあなたにとってプラスになるとしたら？」

「それが実は幸運なことだとしたら？」

「どんな強みを活かせると思う？」

「どんな成長につながると思う？」


それ以外にも、あなたが投げかけられた質問や見聞きした質問でいいなと思ったものは、どんどんストックしていくといいと思います。

そして、ぜひ、あなたのメンバーに試してみてくださいね。

Hint
02

意味づけを変える①
会社と個人の接点を見出す

その会社・チームで働くことの意味

会社に所属して仕事をするというのは、単に「給与をもらう」「やりたい仕事をする」というだけでなく、「その会社に身を置きたい」「その会社の目指しているところに共感した」「その会社の大事にしている価値観やカルチャーに惹かれた」という動機や意味合いもあります。

こうした**「その会社・チームが好きで、その一員として仕事をしたい」という想いが、「働きがい」につながる**のではないでしょうか。

私自身、数社で勤務経験がありますが、中でも特に思い出すのは、I社です。その会社は、いい意味で個性豊かな人が多く、一見ばらばらになりそうな、そのさまざまな個性を内包するおおらかさがありました。私は、そのカルチャーが大好きで、そこで働いていることへの愛着があり、のびのびと仕事をさせてもらったと思っています。そのとき一緒に仕事をした人たちは、海外のメンバーも含めて、本当に今でも仲間という感覚があり、実際、その会社を〝卒業〟した後も、OB・OGという形でつながらせてもらえていることが誇りであり喜びです。

今後、世の中は、より〝個〟の時代になっていくといわれていますが、そうなると、なおのこと、会社・チームで働くことの意味が問われてくるように思います。言い換えると、「一員となりたい」と思ってもらえるような会社やチームをつくっていくことがより求められているといえるのでしょう。

部下のモチベーションが上がる接点はどこか？

管理職の立場としては、会社の**目指す先（理念やビジョン、大切にしている価値観など）**

と、**部下との接点を見出すお手伝いをしていく**ことが大事です。

たとえば、技術者で「いつか、自分の手で、人の役に立つ画期的な製品を世に出したい」という夢を持っている人が、自分の働くメーカーにおいて「○年後、会社は業界初の製品を世に出そうとしていて、自分自身が携わっている仕事が、その製品の開発につながる」と知ることは、その技術者にとって大きなモチベーションにつながりそうです。

ちなみに、部下のビジョンなどというと、〝ちゃんとしたもの〟でないといけないような印象を持つかもしれませんが、決してそんなことはありません。

たとえば、「お金を稼ぎたい」「車を買いたい」「海外旅行に行きたい」といった、きわめて個人的なビジョンであったとしても、いいと思っています。そのために仕事をがんばっていたら、そのうちお客様が喜んでくださることが喜びになり、お客様起点のビジョンに発展した！　というケースもあります。

まずは部下の心からのビジョンを引き出して、会社やチームのビジョンが、その部下のビジョンにどうつながるのか、部下と対話しながら一緒に見出していけるといいですね。

会社やチームの目指す先を翻訳して伝える

また、その前提として、日頃から会社やチームの目指す先を部下が腹落ちできるよう、伝え続けることも大事です。

会社やチームの目指す先は、一般的に抽象的な言葉で掲げられていることも多いです。そのため、ぱっと言葉を見ただけだと、それが具体的にどういう状態を指すのか、何を目指して、何を大事にしているのかイメージしづらく、結果として理解できない……ということになりかねません。ましてや、自分との接点を見出すのは、とても難しくなってしまうでしょう。

それぞれの部下が理解できるように、部下の立場や状況、捉え方や関心事などを踏まえて、目指す先を翻訳して伝えてあげられるといいですね。

ちなみに、ある企業では、その企業やチームの目指す先を、上司の体験談やエピソードとからめて伝えることを推奨しているのだそうです。

Hint

03

意味づけを変える②
「なぜ？」を伝える

部下の仕事への理解や成長につながる「なぜ？」

先ほど、会社やチームの目指す先と、個人の目指す先の接点を見出す支援をすることが大切だというお話をしました。これは、日常、部下の仕事を依頼する際も同様です。

日頃、**部下に依頼するその仕事は、なぜ必要なのか？　部下の目指す先や会社の目指す先にどうつながるのか？**　といったことを部下に伝えられているでしょうか。

具体的にいうと、伝えたい「なぜ？」としては、大きく分けて次の2つです。

【仕事そのものの「なぜ？」】
・この仕事の目的や背景は何か？
・会社の目指す先にどうつながるのか？
・この仕事の成果物は誰にどのように使われるのか？

【部下にとっての「なぜ？」】
・部下の期待役割や成長にどうつながるのか？
・部下のビジョンにどうつながるのか？

「なぜ？」を伝える、あるいは、「なぜ？」に答えるのは、伝える側からすると、けっこう大変ですよね。上司は、いろんな仕事を抱える中で仕事を依頼することが多いので、「とにかく、伝えた仕事内容をやってくればいいから」と思いたくもなります。

でも、**「なぜ？」が伝えられるかどうかで、部下側のモチベーションは変わってきます。**

また、「なぜ？」がわかるということは、仕事の全体像や、仕事をするときの原理原則を理解するということにつながります。これは、部下が、のちのち別の仕事をする際にも、役立ちます。つまり、仕事を体系的に理解しやすくなるということです。

そう考えると、「なぜ?」を伝えることは、**将来に活用できる学びを先取りして教えている**ことにもなりますね。要は、「**未来への投資**」につながるということです。

上司側からすると、一見面倒にも見える「なぜ?」を伝えること。ぜひ、おろそかにせず、やっていきたいものです。

Hint 04

強みを自覚することを支援する

自分の「優位感覚」を活かす

コーチングセッションのクライアントさんと接していて感じるのは、「**人は、自分の強みを自覚すると、自分を信じられるようになり**（**まさに自信を持つということですね**）、**前向きに行動を起こせるようになる**」ということです。

クライアントさんの中でも、特に思い出すのは、Jさん。セッションを始めた当初、Jさんはとにかく自分のことが嫌いで、周りから「できている」と言われるけれど、なぜかわからず、自分では「こんなものじゃダメだ」と思っていたそうです。

新しいことをするのは「怖い」「失敗したらどうしよう」と思い、失敗してしまったときは長い間、引きずってしまう。彼女にとって「失敗=終わり」で、失敗してしまった仕事では、相手との関係はあきらめて二度と会わないようにしてしまうとも言っていました。

そんな彼女が変わるきっかけは、**自分の特徴を自覚し、うまく使う方法**に気づいたことです。

「**優位感覚**」をご存じでしょうか？　人はさまざまな感覚を通じて情報を得ていますが、その中で特にどの感覚を使うか、人によって傾向が異なります。特に、その人がよく使う感覚を優位感覚と呼んでいます。

優位感覚それぞれの特徴を以下に挙げますね。

・**視覚**：映像やイメージ、絵、図などの視覚的な要素を使って、物事を捉える傾向にあります。過去の記憶や未来像も視覚的なイメージを伴うことが多いです。「〇〇に見える」「思い浮かべる」「イメージ」などの視覚に関する表現をよく使います。

・**聴覚**：音や言葉で物事を捉える傾向にあります。会話においては、相手の細かな表現や言い回しが気になります。なお、論理的に筋道を立てて考える傾向も強いといわれています。「〇〇に聞こえる」「言う」「リズム」などの、聴覚に関する表現をよく使います。

・**体感覚**：言葉や体験を身体の感覚で受け止める傾向にあります。物事を判断するときも、直感や直接触れてみることを大切にします。「○○と感じる」「しっくりくる」「感覚」などの体感覚に関する表現をよく使います。

※参考：山崎啓支 著『NLPの基本がわかる本』日本能率協会マネジメントセンター
加藤聖龍 著『手にとるようにNLPがわかる本』かんき出版
前田忠志 著『脳と言葉を上手に使う　NLPの教科書』実務教育出版

Jさんの場合は、対話を通じて視覚優位であることが感じられました。

そのため、コーチングをするときは、その特徴を意識するようにしていました。

視覚優位を意識したコミュニケーションが活きた場面として一番覚えているのは、完璧主義であるために、Jさんがご自身にダメ出しをして自分を傷つけていることに気づかれたセッションでの場面です。

そのとき、私がお話ししたのは、次の内容でした。

「Jさんの「100点を目指そう」「理想を目指そう」とする資質は、それ自体はいいことだと思いますし、強みとも言えます。ですので、それを否定するような「ほどほどでいい」「50点でいい」という言葉は、自分を否定することになるし、逆に苦しいのではないかと思います。

そうではなく、**「ここまで来たことを認める。そして、これ以上行きたい自分も認める」**というほうがいいのではないでしょうか。

ちょうどマラソンのような感じです。マラソンでは、スタートの0㎞地点からいきなり42・195㎞地点に行けることなんてありません。ちょっとずつ歩を進めることでたどり着ける。20㎞地点まで来られた自分を認める。そして、そこからさらに42・195㎞地点へ行こうとする自分も認める。そういう受け取り方が持てるといいのではないでしょうか。マラソンでは沿道で皆が応援しています。でも、今のJさんは、20㎞まで来た自分に対して、沿道にいるもう一人の自分が野次を飛ばしている状態だと思います」

マラソンというたとえを使って、視覚的に起こっていることをJさんにお伝えしたのですが、これに対して、Jさんはこうおっしゃいました。

「マラソンのたとえはとても腑に落ちました。マラソンしている人に野次を飛ばしている私、ひどいですよね（笑）。

私は、これまで最初と最後しか見ていなかった。でも、細かく見ていくと、自分は一生懸命やっていますね。今後は途中過程に目を向けてみようと思います」

私には、Jさんが、場面をイメージすることで、よりご自身の状況を客観的に捉えられたように感じました。

自分の特徴に気づいたJさんの変化

このとき、「Jさんが視覚優位であることは、いいも悪いもなく、単なる特徴なので、Jさんはそれを活かすことで、より生きやすくやりやすくなるのではないか」ということもお伝えしました。

このあたりから、Jさんは、視覚優位を活かしたやり方を取り入れ始めました。

たとえば、こんなふうに。

・**仕事で扱っている製品がラベルを見ただけだと判別しづらい　↓　製品の写真を貼る**
・**出張に行くときに道に迷いそうで行くのが嫌になる　↓　主張先の画像を見ながら予習をする**

そうこうしているうちに、以下のような言葉がJさんから挙がるようになりました。

「自分の特徴を活かすようにしてみました。たとえば、相手には、絵を見せながら会話をする。そうすることによって、私自身がラクになりましたし、また、相手も絵を見てイメージしてくれるので、伝わりやすくなりました。

それ以外にも、いろんなところでいい結果が出るようになりました。営業をやってみたら、どんどんアポが取れただけでなく、相手から『こんな営業の方がいたなんて』と褒められてしまいました。びっくりです。

これまで、『自分はこういう人だから、〇〇できない』と、自分で自分のキャラを決めつけてきました。でも、自分の特徴を活かしてトライすることで『意外とできるものなんだな』『これもできる人だった』ということがわかりました。相手も、こちらが関わり合おうとすれば、受け入れてくれるものなのなんですね。

以前は『これも問題、あれも問題』という感じでしたが、今は「こんなことをやってみたい、あんなことをやってみたい」と思えるようになりました。

自分の特徴や捉え方に気づくことが、いろんな変化につながっています。これまで他人のせいにしていたことが、実は自分が望んでいるのだと気づいたし、主体性につながったと思っています」

数カ月後、Jさんは別人のように、生き生きと積極的に人生に関わる人になっていました。この変化に、ご家族もびっくりされているそうです。

部下の特徴を活かせるように支援するのも管理職の仕事

AKB48をプロデュースしたことで有名な秋元康さんが、以前、テレビのトーク番組の中でおっしゃっていたことを思い出します。

「秋元さんは、いろんな女の子をプロデュースしていますが、秋元さんから見て、どんな子に魅力を感じますか？」と聞かれた秋元さんは、このように答えていました。

「150人いたら150人それぞれに必ずいいところがあるんです。なのに、一番もったいないのは、『自分には何もない』と思い込んでいる子。欠点も差異。それが面白かったりする」

正確な文言は忘れてしまいましたが、その場でメモした限りでは、おおよそこのような内容だったと思います。

この言葉、本当にそうだなと思います。自分が把握できている自分なんて、本当にわずかで、一部でしかありません。だからこそ、自分らしさを発揮して活躍するためには、まず「自分はいいものを持っている」「自分にもできる」と自分を信じる力が大切ですし、人を育成する立場にある管理職は、**その人が自分の想いや能力、ポテンシャルに気づけるよう支援する**ことがとても大事だと思っています。

Hint

05

「褒める＆叱る」の極意

自分自身の現在地と成長を把握する手助けをする

ある夜、たまたま見ていたテレビ番組で目が釘づけになったのは、K-Popのオーディションの様子でした。

J. Y. Parkさんというプロデューサーが、パフォーマンスを披露する若い女性にフィードバックをするのですが、その内容がすばらしかったのです。

まず、相手のパフォーマンスのよかった点を見つける。そして、何がよかったのかを具体的に伝えるとともに、それを見て自分がどう感じたのかも伝える。たとえば、「とても感動しました」というように。

一方、パフォーマンスの課題については、ポイントを明確にして伝える。「課題と感じたところは2つあります。1つ目は……」というように。

さらに、課題を引き起こしている原因についても、彼の考えを伝える。「○○ができていないのは、関節の使い方がわかっていないからだと思います」というように。

その女性は、結果として予選の次の段階に進むのですが、再び彼女に会ったとき、Parkさんは、前回指摘したことを覚えているだけでなく、前回と比べて成長したところに気づいて、すかさず彼女に「○○ができるようになっていますね。とても努力したことが伝わってきました」と伝えていました。

番組を見ていて、フィードバックを伝えられる側の女性の心にも、彼の言葉がとても響いていることが感じられました。

私は、彼の一連の行為の中に、「褒める&叱る」の極意が隠れているように感じました。具体的に挙げると、次の点です。

・**よかった点を最初に伝えて承認する。その後、課題（改善点）を伝える**

・具体的に、かつ、ポイントを明確にして伝える
・Ｉメッセージ（「私は……と思います」といった「私」を主語とした表現）で考えや感じたことを伝える
・その後のフォローをしている（課題として伝えたことに対して、その後の変化を捉えて、できるようになったことを伝えている）

なぜ、「褒める&叱る」ことが必要なのか？　それは、**部下が自分の現在地と成長を把握することができるようにするため**だと思っています。

私たちは、自分の成長をなかなか感じることができません。成長の度合いが小さいうちはなおのこと。

語学の学習を思い浮かべてみるとわかりやすいと思います。学習のし始めは、いくらがんばっても全然聞き取れず、めげそうになります。「こんなにできないんだったら、もう勉強するのをやめちゃおうかな」と思うのも、この時期ですね。

ですが、ある程度、続けていると、急に「あ、聞き取りができるようになってるかも」と気づく時期がきます。それは、成長が感じられない時期に、ずっとがんばって続けてきたからこそです。

だからこそ、自分が成長していることを知り、継続して行動していけるようにするために、そして、成長していることを感じて自分に自信を持てるようにするために、上司は、部下に対して、「できていること」「できるようになったこと」を「褒める＝伝える」ようにしたいのです。

「叱る」のも部下を支援すること

「叱る」という行為も、目的は同じです。

相手（部下）が、到達したい目標に対して、現在どこにいるのか（現在地）、どのくらいギャップがあるのか、どんな課題を乗り越える必要があるのかを把握できるように、それによって、目標にたどり着きやすくするために行なうのですね。

ちなみに、よく伺う「叱ることができない」というお悩み。この場合、「叱る」という行為に対してネガティブなイメージがあるがゆえに、「叱ることに躊躇する」のではないでしょうか。

たとえば、「叱るのはダメ出しをすることだから、相手の気持ちを害してしまう」とか、「叱ると、相手との間にわだかまりが残る」とか、「相手との関係に悪影響を及ぼした結果、今後やりにくくなるのでは」とか。

私も過去、同じような捉え方をしていたので、気持ちはよくわかります。でも、ここまでお伝えしてきたように、**「叱る」とは、相手のために行なう行為であり、相手がよりよい状態に近づけるよう支援すること**です。そう捉えられると、少し「叱る」ことへのハードルが下がるように思うのですが、いかがでしょうか。

また、「叱る」ことが相手のための行為であることを、相手自身が感じられるようになるためには、そもそも、相手が、その目標に「たどり着きたい」と思っていることが大切です。

だからこそ、先述した、部下のビジョンを引き出し、会社やチームのビジョンとの接点を見出すお手伝いをすることがとても大切なのですね。

「褒める&叱る」の極意、ご参考になればうれしいです。

Hint

06

部下の成功体験をプロデュースする

経験からの影響はとても大きい

人の成長に関して、「7：2：1の法則」といわれるものがありますが、ご存じでしょうか？

アメリカのロミンガー社が、経営者を対象に「何がリーダーとしての成長に役立ったのか？」を調査したところ、「経験からの学び70％、他者からの学び20％、座学（研修など）からの学び10％」であったのだそうです。人の学習や成長にあたっては、経験が大きな影響を占めているのですね。

経験には、成功体験や失敗体験など、いろいろありますが、自信ややる気につながるという点では、成功体験は大きな影響があります。

思い切って任せることが部下の成長につながる

成功体験が自信と主体的な行動を生み出すという点で思い出すのは、以前部下だったKさんです。

Kさんは、何をやるにも自信がなさそうで、仕事をお願いしても、「私にできるでしょうか」「自信ないです」「私なんて……」という言葉がしょっちゅう口をついて出てきます。素直でまじめで、本当はもっとやれそうなのに。私には、彼女が自分を過小評価しているように感じられました。

そこで、まずは彼女に自信を持ってもらいたくて、彼女にできそうな仕事を選んでお願いすることにしました。そして、やってくれたことに対しては、**「よかったこと」**と**「もっとこうしたらよくなると思うこと」**を伝えました。

それを繰り返すうちに、だんだん彼女のチャレンジできそうな範囲が見えてきたので、次に、少しずつ仕事のハードルを上げていくことにしました。**背伸びをすれば、できるくらいに。**

これを繰り返すこと数カ月。彼女がどんどん変わっていったのです。「自分にもできる」という実感を積み重ねていったからなのでしょう。どんどん自信をつけ、それが表情や態度、行動にも見てとれるようになりました。

そして、半年ほど経った頃には、「小川さん、こういうことをやってみるのもいいんじゃないでしょうか?」と、自ら仕事の提案をしてくれるまでになったのです。

あの、当初おどおどしていたKさんが、こんなにも変わるものなのか。**成功体験が人を育てる**ということを私に教えてくれた出来事であり、私にとって、とてもうれしい思い出として心に刻まれています。

このように、チャレンジをしてできるようになるという経験は、その人に対して、大きな自信と、「がんばれば乗り越えられる」という効力感をもたらすのだと思います。

と同時に、相手に自信や成長を手にしてもらいたいとき、こういった経験をする機会をプロデュースすることが育成者にとってはとても大事なのだなと思います。

部下の成長とやる気を促す経験をプロデュースするうえで、知っておきたいこととして、**目標設定基準**の考え方があります。

目標設定の基準には、次の3つがあります。

・**コンフォートゾーン**：今の自分にとって簡単に対処できる領域

・**ストレッチゾーン**：今の自分には少し難しく、ストレッチすることによって対処できるであろう領域

・**パニックゾーン**：今の自分からはかけ離れていて、ともするとパニックに陥ってしまいかねない領域

このうち、部下の成長とやる気に最も寄与するのは、先ほどの事例からもわかる通り、ストレッチゾーンの目標です。

「この部下にはちょっと難しいのでは」と思う仕事を、その部下に任せるのは、けっこう勇気がいります。「失敗したらどうしよう」「フォローに手間がかかりそう」などと考えると、「自分でやっちゃったほうが早い」と思ってしまうこともありますよね。

でも、そこをふんばって、**相手に「ちょっと難しそうな仕事」を任せてみる。**彼や彼女

ががんばれるように支援する。そうすることで、彼や彼女が成功体験を積むことができたなら、それが彼や彼女の自信や、さらなる成長意欲につながります。

また、上司である自分自身も、最終的にはよりマネジメントの仕事に時間を割く余裕を手にすることにもなります。

Hint

07

「自分でやったほうが早い」は身を滅ぼす

目の前ではなく先を見るのが管理職の仕事

管理職育成を担当する方から、このような話をよく聞きます。

「管理職になった人たちは、過去に優秀な成績を上げていた人たちが多いので、どうしても仕事で成績をあげられていない部下の気持ちを理解するのが難しい。部下に任せるよりも自分でやったほうが早いと思ってしまう」

なるほど。「名選手、名監督にあらず」ということですね。

「人に任せるよりも自分でやったほうが早い」という気持ちも、わからなくはありません。

私は子どもに対して同じような気持ちを抱いたことがあります。

子どもが5歳くらいのときに、何かと親の真似をしたがった時期がありました。ある日、子どもが「○○ちゃん（自分のこと）も掃除機で掃除をする！」と言い出しました。とはいえ、うまくできないので、こちらが手を貸そうとすると、「やめて！」「自分でやる！」と言って、怒る。でも、時間がどんどん経つばかりで掃除が進まず、結局、次の予定があって、これ以上時間をかけたくない私が、子どもから掃除機を取り上げてやってしまう。子どもは大泣き……なんてことが、しょっちゅうありました。

目の前のことだけ見ると（短期的に見ると）、掃除にたくさん時間がかかってしまうのは、効率の観点で、私にとって避けたい問題だったんですね。

でも、あれから年月を経て、掃除も大人と同様にできるであろう小学生になった頃、こちらから「掃除、やってよ」と言っても、「え〜、よくわかんないし」と言ってやってくれません。

思えば、あの5歳時点のとき、多少時間がかかっても、自分で掃除をすることを自由にやらせて、掃除を楽しむ経験をさせ、できるようにしておけばよかったなと後悔しきりです。**いっときの手間を惜しんだために、せっかくの機会を無駄にしてしまった**、と。結局、あの時期は「未来への投資」をすべきときだったのですね。

今、子どもの例に当てはめて書いてきましたが、会社やチームにとっても、「未来への投資」の大切さは、同じです。

結局、最初の手間を惜しんで人に任せないと、自分以外にその仕事をできる人がいず、いつまで経っても自分は忙しいままで、本来時間を割くべき管理職の仕事に時間を割くことができません。

また、上司自ら、仕事が属人化することを選んでしまっているので、いつまで経ってもチームの連携や共有が進まず、チーム内の生産性向上や助け合いにもつながりません。

いっときの自分の手間を省くことを選ぶのか、将来のチームの手間を省くことを選ぶのか。やはりリーダーは、先を見て仕事をしたいものですね。……と、自戒も込めて。

Column 3

傾聴って、つくづく難しい

相手を受け止めるためにできることとして、「**傾聴**」があります。

皆さんは、傾聴というと、どんなイメージを持つでしょうか？「要は、集中して相手の話を聴くことでしょ」と簡単に思われる方もいるかもしれません。でも、この傾聴、日常的に実践するのは意外に難しい。私も、日々、傾聴の難しさ＆奥深さを感じています。

ある晩のこと。娘が、「寝られない～！」と言ってきたので、とっさに「横になっているだけでも、体は休まるらしいよ。とりあえず、ベッドで横になっていたら」と言ったところ、娘は泣き出して「そうじゃなくて、ちゃんと私の話を最後まで聴いてよ！」と返してきました。

そのとき、はっとしたのです。確かに、私は彼女の話を聴いていなかったし、状況をよく見てもいなかった。彼女が発している言葉を拾って、それに対して私の中に浮かんできた言葉を、とっさに返しただけ。これが、「相手を受け止めず、“思い込み”で相手と接する」ということなんだなと、わかったような気がしました。

研修でも傾聴を扱うことがありますが、ペアワークで傾聴をやっていただくと、ほとんどの方がしっかり傾聴することができます。なぜなら、「傾聴しよう」と意識をその一点に集中して取り組むからです。

でも、日常は違います。私を含め人それぞれ、いろんなことに意識を向けながら生きています。今、自分が取り組んでいる業務のこと、やらなきゃいけない家事のこと、気になる人間関係のこと……。そんな中で、とっさに話しかけられたとき、どれだけ即座に傾聴モードに入れるか？　そして、相手に寄り添うことができるか？　というと、すごく難しいと実感しています。

私が今、やっているのは「決める」というステップを入れること。「5分だけ時間をとって聴く」「今は忙しいので、この仕事が終わったら聴く」というように。そして、決めたら、その時間はとにかく相手に集中する。このほうが傾聴モードに入りやすいです。試行錯誤は続きます。

第4章

どんな相手でも、どんな場面でも動じない！問題解決の思考力

Hint 01

女性管理職の自信につながる問題解決の思考力

問題解決の思考力をおすすめする一番の理由

「問題解決の思考力」とは何でしょうか？

それは、**〝本質〟を見て問題に対応する力**であり、**「どのように事象や情報を捉えて、整理し、結論を導くか」を思考する力**です。

後述するように、問題を明確化し、その現状を把握したうえで原因を追究し、対策を立てる……という流れで思考することで、私たちは問題に対応することができます。

また、それぞれの流れの中で、重要な考え方や視点を押さえることで、問題を解決し、ビジョンや理想の状態を実現できる可能性が大きく高まります。

私が、女性管理職の皆さんに問題解決の思考力を磨くのをおすすめしたい一番の理由、それは、問題解決の思考力を使いこなせるようになると、単に、業務やそのマネジメントに役立つというだけでなく、

- **自身が知識や経験を有さない分野であったとしても、「何をどうすればいいのか」自分なりの見立てを持つことができる**
- **結果として、「どんな分野でもやっていくことができる」「ベテランの相手にも対応することができる」という自信が持てるようになる**

と思うからです。

私がそう感じるようになったのは、私がコンサルティング業界で仕事をするようになったときです。

問題解決の思考力を身につけると世界が変わる

コンサルタントとして転職した後、私はＳＣＭ（サプライチェーンマネジメント）に関するプロジェクトを担当することになりました。ＳＣＭは、私が転職前まで、長年、メーカーで経験を積んできた分野。私としては「それなりに知識も経験もある」という自負がありました。

同じプロジェクトチームの２人は、ＳＣＭ分野は全く初めてとのこと。「小川さん、いろいろと教えてくださいね」と彼らから言われ、私自身、まんざらでもなく、「私ががんばってリードしなきゃ」くらいの意気込みでプロジェクトをスタートしました。

ですが、最終的にふたを開けてみてどうだったかというと、お客様が評価したのは私が考えたものではなく、他の２人が考えた提案だったのです。

私が考えた提案は、あくまで私が過去に経験した企業、及びその状況にフィットするものでしかありませんでした。一方、２人が提案したのは、まさに問題解決の思考力を駆使して対応したものだったのです。

つまり、クライアント企業の問題にまつわる情報を集め、これを整理、分析し、そこから何が言えるのか、何が起こっているのかを把握。そして、その要因を見極めたうえで、最適解を導き出した提案でした。

これを目の当たりにしたとき、「私は、これまで何をやっていたんだろう」と衝撃を受けました。今まで、キャリアとは、とにかく知識を身につけ経験を積むことだと信じてやってきました。にもかかわらず、経験が全くない人たちに太刀打ちできないとは。本当にショックでした。

そこからです、私が問題解決の思考力を身につけようと学び始めたのは。


とはいえ、問題解決の思考力を身につけるのは、簡単ではありませんでした。これまで身についた考え方を変えていくのは、なかなか難しいこと。自分の思考の癖を変えるようなものなので、一朝一夕にはいきません。

一番のボトルネックになったのは、**「正解がある」という自分自身のマインドセット**です。どうしても「何が正解なのか」が気になって、自分で問題解決をやっていても不安なのです。

それでも数げいこをこなすうちに、なんとなく身についてきたかなと思えるようになりました。そして、ある程度身についたと思えるようになったとき、面白いことに気づきました。

それまでの私は、「長年、知識や経験を身につけてきた」と言いながらも、ちょっとでも自分よりよく知っている人、経験が豊かな人を前にすると、たちまち自信がなくなって、腰が引けた態度になってしまっていました。いつまで経っても「自信がある」という状態になれなかったのです。

それが、曲がりなりにも問題解決の思考が身についたと思えるようになったとき、たとえ、自分が経験したことのない分野であったとしても、相手が自分よりもベテランや専門家であったとしても、「目の前で起こっている事象や情報を整理・分析し、そこから何が言えるのかを思考することで、自分なりの見立てを持ち、最適解を導くことできる」と思えるようになったことで、臆せず対応できるようになったのです。

そう、「**どんな場面であっても、どんな相手であっても、やっていくことができる**」という自信を持つことにつながったのでした。

自信を持って管理職・リーダーの役割を遂行するために

私がお会いするリーダー候補の中でも、特に女性の方の中には「自信がない」とおっしゃる方が多いように思います。

今、私たちが生きるのは、VUCAと呼ばれる、変化が激しく正解のない時代。今後、過去に経験のないことにチャレンジしていくことが求められる私たちにとって、問題解決の思考力を身につけることは、「そんな経験のない分野であっても、私はなんとかやっていける」という自信につながるのではないでしょうか。

自分が担当するチームのメンバーが、自分より年次も経験値も豊富なベテランの方であったり、自分とは全くバックグラウンドの異なる方だったり、多種多様であることも〝普通〟になりつつあります。そのような相手に対して、臆することなく対等に議論することができるという点でも、問題解決の思考力は有効です。

あなたが「自信＝自分を信じて」リーダーの役割を遂行するために。私が問題解決の思考力を磨くことをおすすめする一番の理由です。

さらに、問題解決の思考力は仕事だけではなく、人生全般においても、ストレスを減らし、物事を効率的・効果的に進めるうえで、とても有効なスキルだと思っています。詳しくは、この後、紹介していきたいと思います。

上位職になればなるほど求められる思考力

もちろん、管理職の役割を果たすという観点でも、問題解決の思考力を身につけていることは大切です。管理職は、**過去の経験や持っている知識という「答え」に頼るのではなく、自分の頭で考えることが求められるからです。**そして、これが、問題解決の思考力をおすすめする2つめの理由です。

ハーバード大学のロバート・カッツ教授によると、管理職に求められるスキルには大きく分けて、テクニカルスキル、ヒューマンスキル、コンセプチュアルスキルの3つがあり、

上位職になればなるほど、コンセプチュアルスキルが求められるのだそうです。

コンセプチュアルスキルとは、事象を分析し概念化することで、本質を見極める力のこと。そのコンセプチュアルスキルの1つに相当するのが、まさにこの問題解決の思考力です。


私が以前、勤務していた会社の先輩で、ある企業で事業部長まで務めたLさんは、こんな話をされていました。

「上位職になればなるほど、下から上がってくるのは難しい課題ばかり。そもそもルーティンで済むような課題は、部下からしたら自分たちで片づけられるわけだから、上がってこないのは当然だよね。

難しい課題に対しては、情報を整理して全体像を捉え、論点やポイントを押さえることができないと対処できない。だから、問題解決の思考力を身につけていることは大切。じゃないと、上位職としての役割をこなすことができないわけだから。

多くの人が、事業や業務に関して網羅的に知識を持っていないと、その組織のマネジメントはできないと思っているけど、決してそれだけではないんだよ。上位職になればなるほど知識依存性は少なくなり、代わりに思考力や問題解決力がより求められるんだ」

誰でも知っているような某企業の事業部長として活躍された先輩の言葉だけに、とてもリアリティを持って伝わってきました。

さて、ここまで、より大きなリーダーシップを発揮するために、なぜ問題解決の思考力を磨くといいのかという点についてお話ししてきました。

ここからは、実際に問題解決の思考について、一緒に学んでいきましょう。

Hint
02

問題解決の思考 4つのステップ

問題解決の思考の基本

ここではまず、問題解決の思考の概要についてお話しします。ちょっと固い話になりますが、ご容赦を。

そもそも「問題」とは何でしょうか？

問題とは、**理想の状態と現状とのギャップ**のことです。そして、現状を理想の状態に近づけるために、このギャップ、つまり問題を軽減したり解消したりすることを「問題解決」と呼んでいます。

問題を解決するには、問題の大きさや質にもよりますが、基本的には以下のステップを踏みます。

図2 〉「問題」とは、「理想の状態」と「現状」のギャップ

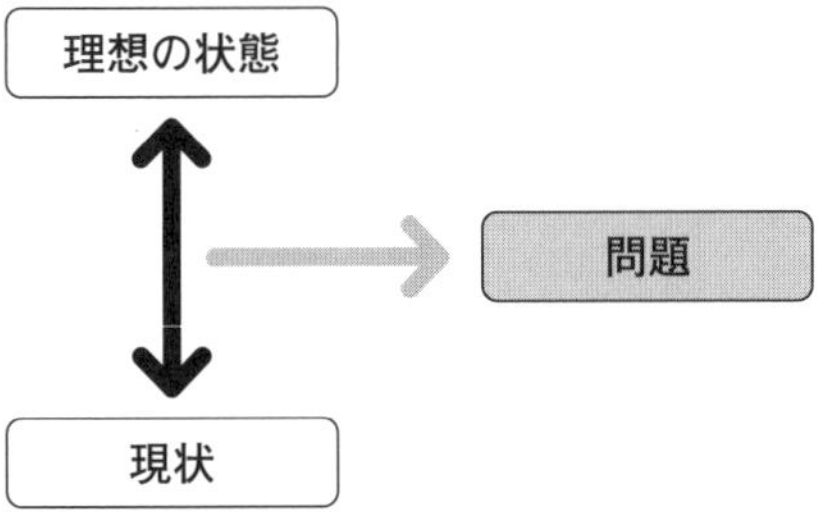

STEP1　問題の明確化
STEP2　現状の把握
STEP3　原因の特定
STEP4　対策の立案

たとえば、「平日、寝る時間が遅い。本来なら10時に寝たいにもかかわらず、実際には12時前になることが多い」という問題について、どのようにステップを踏んで解決するか、見てみましょう。

STEP1　問題の明確化

取り組むべき問題は何か、その焦点を明確にします。この例でいえば、理想の状態が「10時に寝る」であるのに対し、「寝る時間が12時になる」

のが現状であり、「寝る時間が理想よりも2時間遅い」というのが問題ですね。

STEP2　現状の把握

問題の現状を事実ベースで捉え、どこに特に問題があるのか、問題の箇所を特定します。仕事が終わってから寝るまでの時間の内訳を見てみます。時間の内訳としては、通勤時間に1時間、料理する時間に1時間、食事をする時間に30分、英会話の勉強に1時間、お風呂に30分、歯磨き等身支度に30分、その他余暇に30分です。

この中で特に時間がかかっているのは、通勤時間、料理する時間、英会話の勉強時間の3つです。ただ、このうち、通勤時間はコントロール不可能です。そのため、問題箇所として手をつけられるとしたら、料理の時間、及び、英会話の勉強時間の2つとなります。2つのうち、英会話の時間は1時間を確保したいと思っていることから、今回の取り組みでは、料理の時間を問題の箇所として取り上げることとします。

STEP3　原因の特定

なぜ、料理に1時間かかっているのでしょうか？　根本原因を探ったところ、「帰宅し

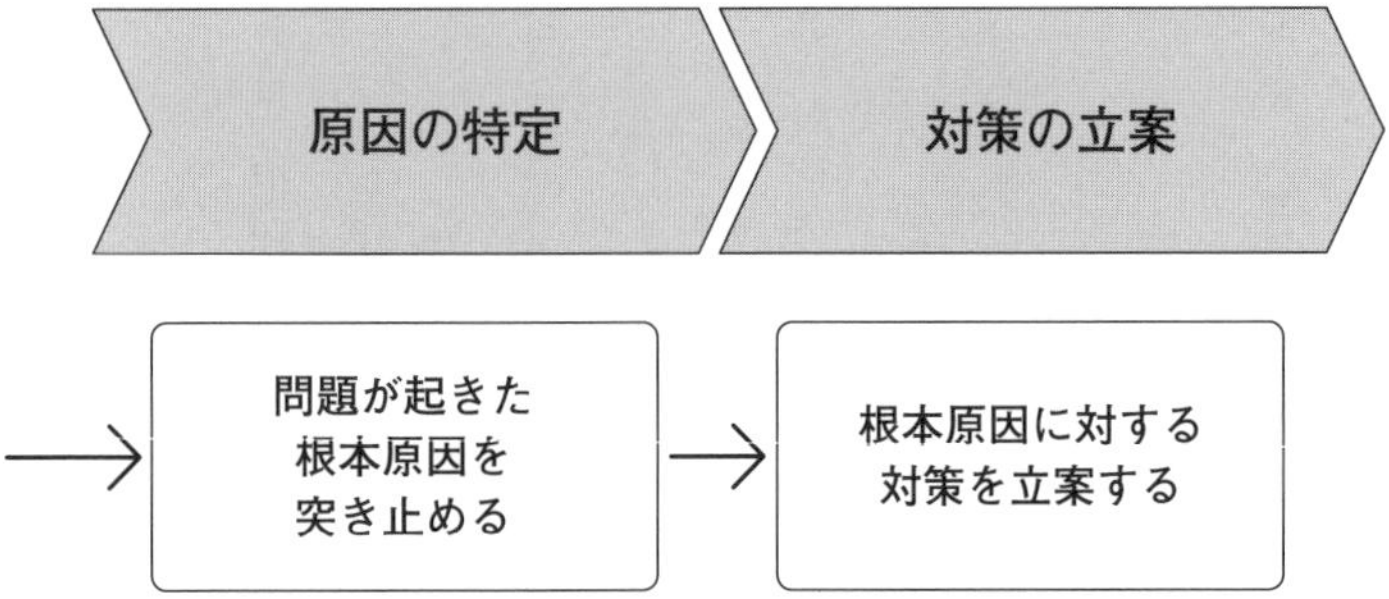

なぜ料理に最も時間がかかっているか、原因を探ったところ、「帰宅してから献立を決めている」ことが根本原因と判明した

根本原因への対策として一番効果が高く、かつ、お金もかからない「週末に作り置きをする」こととした

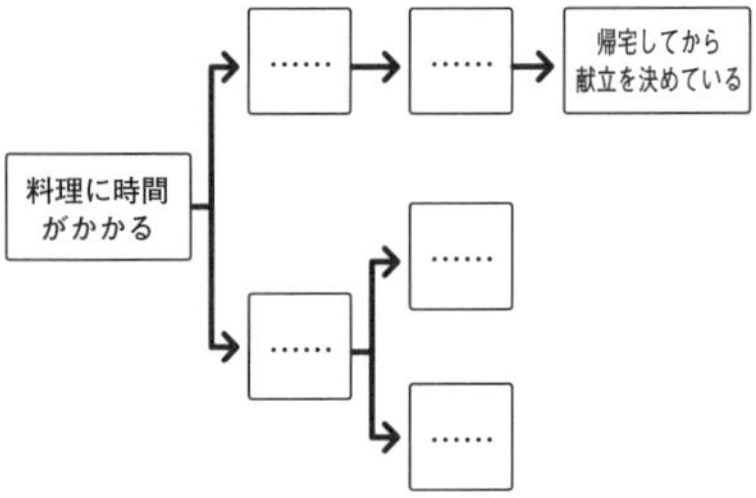

改善案	効果	コスト	合計
外食する	2	1	3
週末に作り置きする	3	3	6
料理レシピのアプリを使う	2	1	3
帰宅中に献立を考える	2	3	5

図3 〉「平日、寝る時間が遅い」という問題の解決ステップ

問題の明確化 → **現状の把握**

何が問題なのか取り組みの焦点を明確にする → **問題の現状を捉えて問題箇所を特定する** ―

「10 時に寝る」のが理想であるのに対し、現状は「寝る時間が 12 時になる」。
よって、「寝る時間が理想よりも 2 時間遅い」ことが問題である

全体の中で特に時間がかかっているのは「通勤（帰宅）」「料理」「勉強」の3つ。ただし、「通勤時間」はコントロール不可能、「勉強時間」は変えたくないため、「料理時間」を問題の箇所として取り上げた

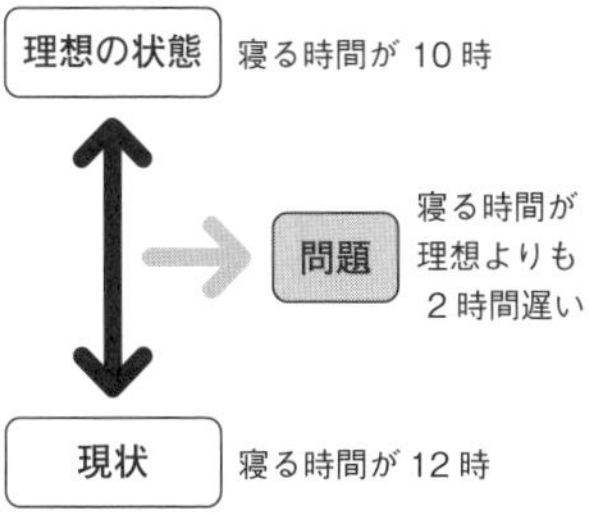

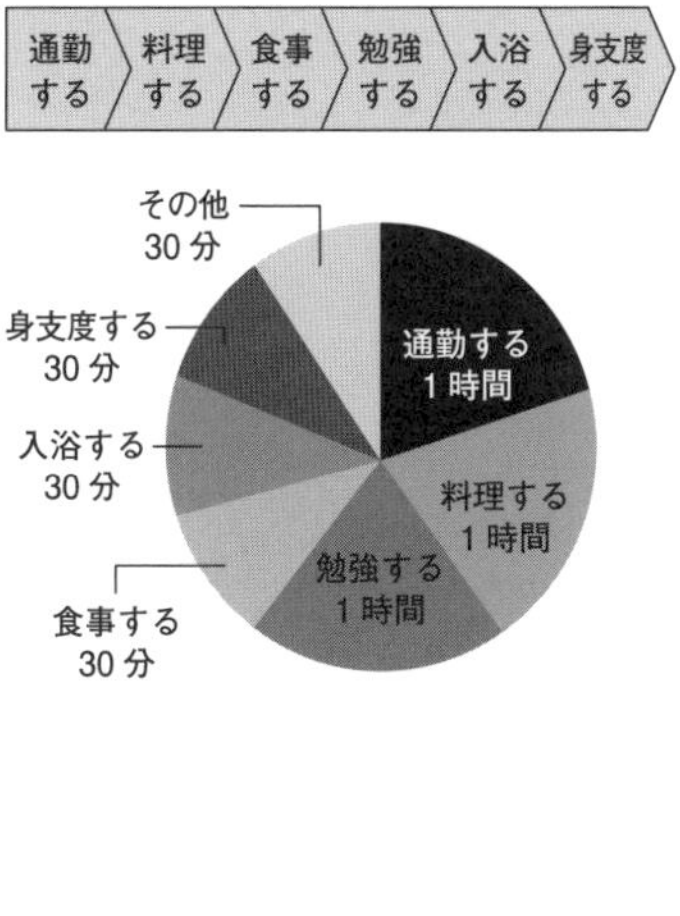

てから献立を決めている」ことがわかりました。

STEP4　対策の立案

根本原因を解決するための対策を考えます。考えられる対策をまず洗い出してみた後、一番効果が高く、かつ、お金もかからない「週末に作り置きをする」こととしました。

ここまで、ざっと問題解決の流れをご説明しましたが、いかがでしょうか。なんとなく、イメージはつかんでいただけたでしょうか。

では、ここからは、各ステップにおける重要な考え方や視点について、詳細にお話ししていきたいと思います。

Hint

03

STEP1 問題の明確化

「問題の明確化」の目的は、取り組みの焦点を明確にすること

「問題の明確化」というのは、要は**何に取り組むのか、その焦点を明確にするのが一番の目的**です。

たとえば、「ダイエットしたい」と思ったとき、「体重を減らしたいのか」「体脂肪率を下げたいのか」「筋肉量を上げたいのか」、どうなりたいのかによって、取り組むべきことや、そのためのエクササイズが変わってきますよね。

自分は筋肉量アップを目指したいと思っていたのに、ジムのパーソナルトレーナーが「体重を減らすことを目指している」と思い込んでいたら、そのトレーナーが用意したトレーニングメニューをやっても、自分の理想とする体にならない……ということが起こっ

てしまいます。

だからこそ、ジムのトレーナーとの間で、「何を目指しているのか」、それに対して、「何が問題なのか」を明確にするのが、スタートとして大事だということです。


もっと仕事寄りの例でお話しすると、一言で「配送を早くしたい」といっても、「配送リードタイムを短くしたいのか」「注文がきたら、即日納品できる割合を高めたいのか」「希望納期に対して遅くも早くもなく、ぴったりに配送できる割合を高めたいのか」など、いろんな観点での「理想の状態」があります。

どの「理想の状態」を目指すのかによって、「何が問題なのか」、つまり、何に取り組むのかも変わってきます。

だから、問題解決をスタートする段階で、「理想の状態」及び「問題（焦点）」を明確にすることが大切なのです。そうすることで、問題解決を進めていく過程で「で、何に取り組んでいたんだっけ?」と取り組み対象がブレていくことを避けることができます。また、一緒に取り組むメンバーの間で認識がずれることも避けられます。

Hint 04

STEP2 現状の把握

「現状の把握」の目的は、問題の箇所を特定すること

STEP2では、問題の現状を正確に把握したうえで、特に問題の箇所を特定します。なぜ、STEP3で「原因の追究」をする前にわざわざSTEP2を設けて、問題のある箇所を探すのでしょうか？ それは、**問題の箇所を特定した後に原因を追究したほうが、より効率的に重要な原因を突き止められる**ためです。

また、**まずは問題のある箇所に絞って、リソース（労力や時間）を集中的に投入して問題解決をしたほうが、早く成果を出すことが期待できる**ためです。特に組織において、問題解決活動の賛同者を増やして活動を広げたい場合、素早く成果を出すことがその後押しになります。

では、ここからは、「現状の把握」ステップを進めるうえで活用されている視点を見ていきましょう。

事実を確認する

皆さんは、「○○が問題だ！」と思うと、すぐに対策に飛びつきたくなりませんか？

たとえば、「ここのところ、家計がずっと赤字（収入よりも支出が多い）。もっと節約しなきゃ！　これからは、近所のスーパーを数軒回って、一番安いところで買い物しよう！」というように。

でも、ちょっと待ってください。実際のところ、その問題（赤字）って、具体的にどういう状況にあるのでしょうか？　何がどの程度、悪いのでしょうか？

現状を正確に把握することは、実は、とても大事です。

というのも、「きっとこうだろう」と思っていることと、実際に起きていることとが、意外と違っていることも多いからです。

図4 〉**現状の把握**

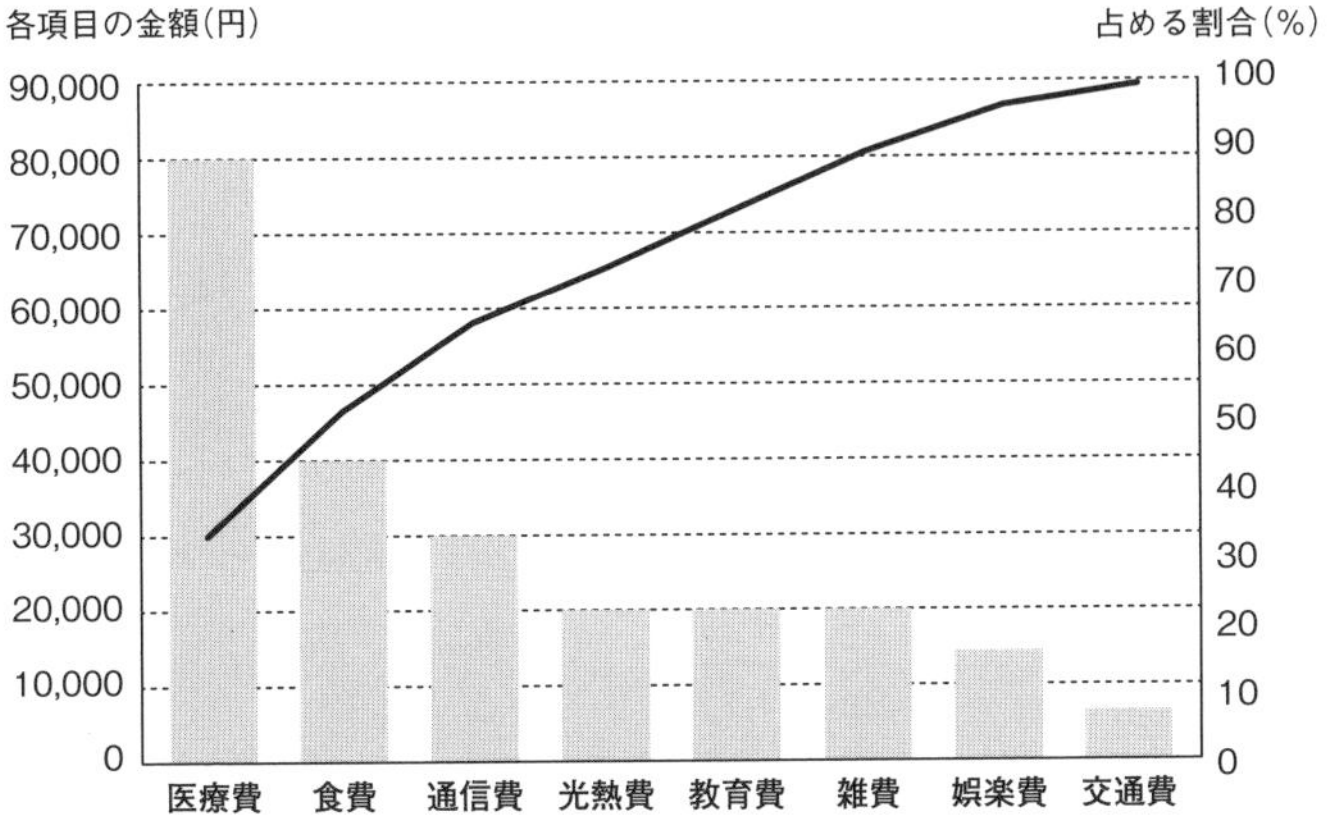

また、現状を正確に捉えることで、よりよい解決につながる糸口を見出すこともできます。

家計の例でいえば、家計が赤字とは、具体的に、何にどのくらいお金がかかっているのでしょうか？　通信費？　食費？　光熱費？　医療費？……調べてみたら、全体に占める割合が大きいのは、医療費、食費、通信費でした。

一番大きい医療費の内訳を見ると、年1回の人間ドックを先月受けて、その費用の請求が大きかったことがわかった。だったら、来月以降この費用は発生しないだろうから、とりあえず静観しよう……なんていう判断もあるかもしれません。

次に、食費の内訳を見てみると、外食の割合が大きかった！　じゃあ、今度から外食は控えよう……となるかもしれません。

さらに、通信費。これは、格安スマホに乗り換えることを検討しよう……という判断もあるかもしれません。

スーパーで日々1円でも安い買い物をすることで、少しでも費用を抑えようとすることも大切なことではありますが、まずどういう状況なのかを正確に把握してから削減しようとするほうが、より削減効果が高いです。

全体をモレなくダブりなく（MECEに）分解する

現状を把握するとき、意識して行ないたいのは、**現状をMECEに分解する**ことです。

MECEという言葉を聞かれたことは、あるでしょうか？　最近では、企業研修などでロジカルシンキングを学ばれる方も多いので、ご存じの方も多いかもしれません。

MECEは、「**モレなくダブりなく**」を意味する造語です。Mutually（相互に）、Exclusive（重複せずに）、Collectively（全体として）、Exhaustive（モレがない）の頭文字からできています。

ＭＥＣＥの概念を理解するには、スーパーマーケットの表示をイメージしてもらうとわかりやすいです。

スーパーマーケットには、「野菜」「魚」「肉」などといった表示がされていますね。この表示がスーパーで販売されているもの全体を「モレなくダブりなく」分類してくれていることによって、私たちお客は迷うことなく、買いたいものにたどり着くことができます。

たとえば、「魚」を買いたいと思っているのに、表示に「魚」だけ抜けていたら、魚売り場になかなかたどり着くことができません。また、「魚」の表示が何かの誤りでダブって２カ所にあったとしたら、どちらに行けばいいのか、迷ってしまうことでしょう。売り場がＭＥＣＥに分解されているからこそ、私たちは正確に全体を把握することができるのです。

問題解決という観点でいえば、問題をＭＥＣＥに分解することによって、**その問題のうち、どこに着目すべきか**が見えてきます。具体的にいうと、

①問題をＭＥＣＥに分解して全体像を把握する

②事実を確認する
③問題箇所を特定する

という手順を踏むことによって、どこに着目すべきかを見出すことができます。
先ほど挙げた「家計が赤字（収入よりも支出が多い）」という例であれば、

①まず「赤字」を収入と支出に分解後、（収入は毎月変わらないので）さらに支出を費目別に分解
②それぞれの費目にかかっている金額を確認する
③医療費、食費、通信費に多くの金額かかっていることがわかる

となりますね。
さらに医療費や食費については、以下のようにさらに分解し現状を確認しています。

a．医療費を通常の医療費とイレギュラーな医療費に分解した結果、イレギュラーな医療

費に多くの金額がかかっていることがわかる
b．食費を内食と外食に分解した結果、外食に多くの金額がかかっていることがわかる

❯優先順位をつける

何かに取り組むとき、すべてに手をつけられたらいいのですが、実際のところ、私たちの持っているリソース、つまり、時間や労力は有限です。

となったとき、その時間や労力をどこに費やすのか、ある程度範囲を絞って、それも特に重要な箇所に焦点をあてて、持てるリソースを集中させたほうが早く結果を出すことにつながりますし、得られる効果も高いです。


たとえば、先述の「家計が赤字」の例もそうですね。

支出を減らすのに、あらゆるものを節約しようとすると、労力面でもメンタル面でも大変です。一方、どの費目にお金がかかっているのかを確認し、特に外食費と通信費に削減の余地があるとわかれば、まずはそれらに手をつけることで、大幅に支出を減らすことができます。

Hint

05

STEP3 原因の追究

「原因の追究」の目的は、根本的な原因を特定すること

「原因の追究」の目的は、STEP2で特定した問題の箇所の根本原因を探ることです。

先ほどもお話ししたように、私たちは、「○○が問題だ！」と思うと、すぐに対策に飛びつきたくなります。たとえば、家族に「胃が痛い！」と言われたら、「じゃあ、胃薬飲む？」と言ってしまいそうです。

でも、胃薬が本当に効くのでしょうか？

たとえば、胃痛の原因が食べすぎによる胃もたれであったとしたら、効くかもしれません。ですが、ストレスによるものだったり、ウィルス性の胃炎だったり、はたまた、ポリープだったり……。原因によっては、胃薬が聞かない可能性だって多々あります。

なので、まずは原因が何なのかを突き止めたうえで、その原因を取り除くような対策を実行したほうがよさそうです。

さらにいうと、問題箇所の根本原因、つまり、その問題を引き起こしている最も大きな、かつ、根本的な原因を特定したいところです。というのも、**根本原因を取り除くことで、問題が再発しないようにすることができる**からです。

では、ここからは「原因の追究」で大事な視点をお話ししていきましょう。

考えられる原因を洗い出す

これを読んでくださっている皆さんは、それぞれの分野において業務経験を積まれてきた方であろうと思います。業務経験が長ければ長いほど、問題の原因はあたりがつくことが多いです。「これが原因なんじゃない？」って。

もちろん、それ自体はとてもいいことです。経験がなければ、原因の見当も全くつかないわけですから。経験によって磨かれた勘所は、非常に価値あるものです。

ただ、1つだけ注意。

「じゃあ、その原因をつぶそう」と、**いきなり原因がそれだと決めつけて対処しようとするのは、待ってほしい**のです。

というのも、本当にそれが根本原因なのか、まだ確かめたわけではないからです。

「これが原因じゃないかな？」は、あくまで仮説。もしかしたら、原因は他である可能性も捨てきれません。

特に、昨今はＶＵＣＡの時代。環境の変化はきわめて激しいです。半年前と今とでは、置かれている環境が変わっているということだってありえます。

だから、まずやりたいのは、原因の仮説を洗い出すこと。そのうえで、どれが真の原因なのかを確かめたいのです。また、そうして検証し裏づけをとることによって、周りの納得感も変わります。

原因仮説を洗い出すときのコツは、２つ。

まず、**できれば自分一人だけでなく、関係者にも集まってもらって洗い出しをする**こと。

そうすることで、自分だけでは気づかなかった可能性に気づくことも十分にありえます。

このとき、ＭＥＣＥを意識してみるのもいいですね。たとえば、「**４Ｍ（Man：人、Machine：機械、Material: 材料、Method: 方法）**」というＭＥＣＥな枠組み。製造現場における品質管理などで使われることの多い枠組みですが、それ以外にも、職場の問題解決で活用可能です。

たとえば、「ある職場で書類にミスが多い」ことの原因仮説を洗い出した後、４Ｍを使って整理してみます。

すると、

「人に関する原因仮説」

「システムに関する原因仮説（４Ｍの「Machine: 機械」を、このケースでは「システム」と読み替えています）」

「インプット情報に関する原因仮説（４Ｍの「Material: 材料」を、このケースでは「インプット情報」と読み替えています）」

は挙がっているけれども、

「方法に関する原因仮説」

は特に挙がっていないことがわかったとします。

その場合、「書類の作成方法に関する原因仮説は挙がっていないようだけど、そういう原因って本当にないのかな？」と問いかけることで、原因仮説が漏れているかもしれないことに気づくことができます。

因果関係（原因と結果の関係）を整理する

原因が洗い出せたところで、それぞれの原因がどのようにつながっているのかを整理してみましょう。

その整理のためのツールとして、「**ロジックツリー**」と「**因果関係図**」をご紹介します。いずれも事象や原因を相互につなげることで、因果関係を図式化したものです。

ただし、ロジックツリーは矢印の向きが「事象→原因」となっているのに対し、因果関係図では「原因→事象」となっています。また、ロジックツリーは基本的に一方向に展開されますが、因果関係図は双方向も含めて原因の関係を結んでいくので、より複雑な関係を表すのに便利です。

図5 〉原因の追究：根本原因を特定する

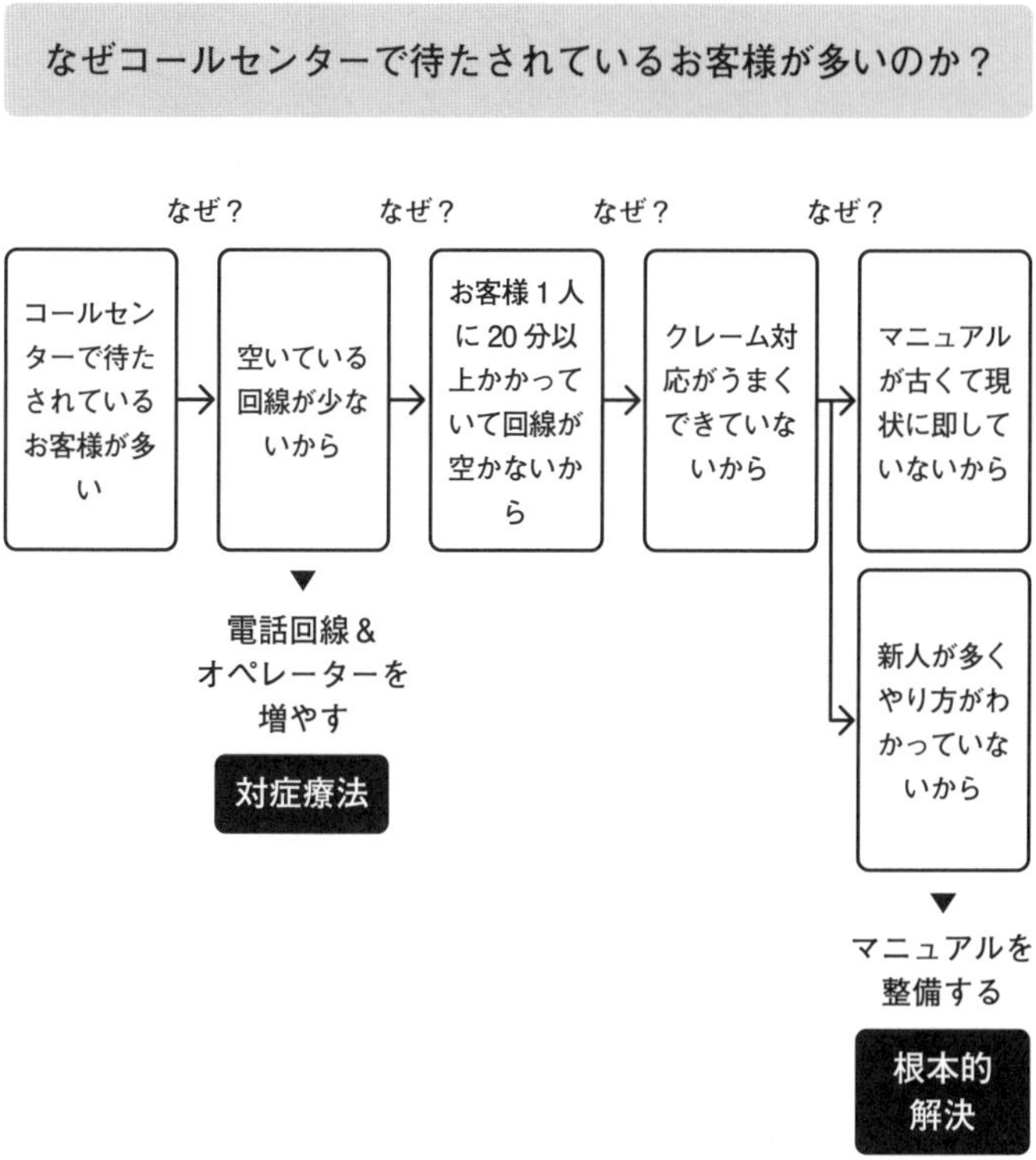
なぜコールセンターで待たされているお客様が多いのか？
なぜ？
なぜ？
なぜ？
なぜ？
コールセンターで待たされているお客様が多い
空いている回線が少ないから
お客様1人に20分以上かかっていて回線が空かないから
クレーム対応がうまくできていないから
マニュアルが古くて現状に即していないから
新人が多くやり方がわかっていないから
電話回線&オペレーターを増やす
対症療法
マニュアルを整備する
根本的解決

図6 〉 原因の追究：因果関係を整理する（因果関係図）

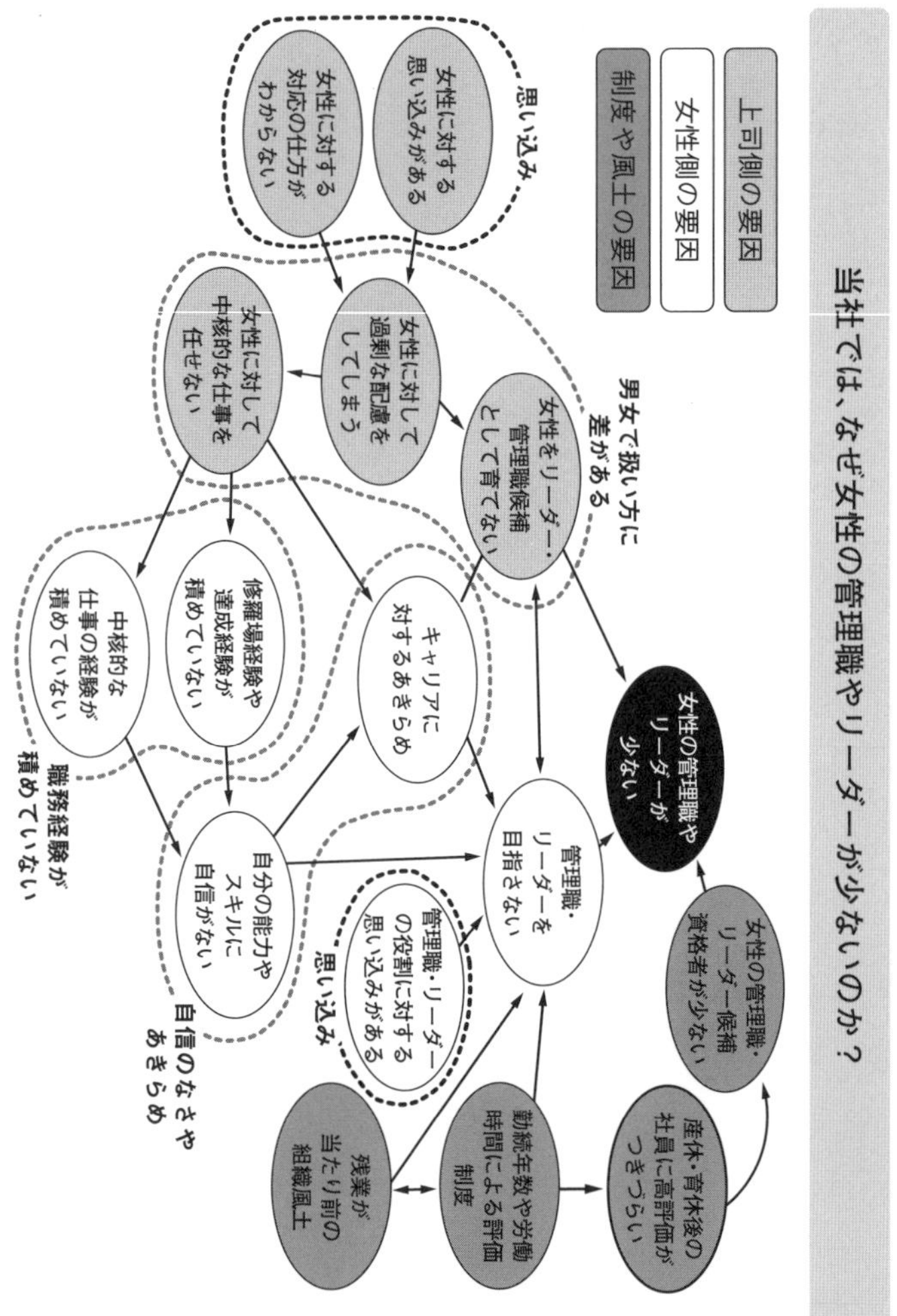
当社では、なぜ女性の管理職やリーダーが少ないのか？
上司側の要因
女性側の要因
制度や風土の要因
思い込み
女性に対する思い込みがある
女性に対する対応の仕方がわからない
女性に対して過剰な配慮をしてしまう
女性に対して中核的な仕事を任せない
男女で扱い方に差がある
女性をリーダー・管理職候補として育てない
女性の管理職やリーダーが少ない
キャリアに対するあきらめ
修羅場経験や達成経験が積めていない
中核的な仕事の経験が積めていない
職務経験が積めていない
自分の能力やスキルに自信がない
自信のなさやあきらめ
管理職・リーダーを目指さない
管理職・リーダーの役割に対する思い込みがある
思い込み
女性の管理職・リーダー候補資格者が少ない
産休・育休後の社員に高評価がつきづらい
勤続年数や労働時間による評価制度
残業が当たり前の組織風土

図5や図6を見ていただくとわかるように、それぞれの原因がどのようにつながっているか、因果関係を整理してみることにより、洗い出された原因の中でも、どれが根本原因かが見出しやすくなります。

根本原因を特定する

最終的に対策を打つにあたっては、原因の中でも根本原因だと考えられるものに、対策を打ちたいものです。というのも、根本原因でないものに対策を打っても、対症療法にしかならないためです。

図5ロジックツリーのコールセンターの例でいえば、空いている回線がないからといって、回線を増やしたとしても、その後、待たされているお客様が増えると、同じようなことをしなければならず、いたちごっこになってしまいます。

そうではなく、「マニュアルが古くて現状に即していない」「新人が多くやり方がわかっていない」といった根本原因を踏まえて、クレームへの対応能力を上げることができたら、より本質的な解決となり、問題が再発しづらい状態をつくり出すことができます。これが、根本原因を見出して対処するということです。

図6の因果関係図の例でも、「女性の管理職やリーダーが少ない」ことの原因の関係性や、より根本的な原因がどのあたりにありそうかということが見て取れます。これらを踏まえて、最も効果的な施策を考えていきたいところです。

では、何をもって「根本原因」とみなせばいいでしょうか？　そのヒントとなるのは、次の3つの観点です。

①その原因をつぶせば、問題は解決するか？
②事実やデータに基づく裏づけはあるか？
③その原因は、コントロール可能か？

まずわかりやすいものとして①。その原因をつぶせば、基本的に問題は再発しないというのであれば、それは根本原因といえそうです。

また、もっといいのは、それが根本原因であること、つまり、問題に対して最も大きな原因であることを事実やデータで示せると、ベターですね。それが②です。

もう1つ。その原因は、そもそもこちらで対処可能でしょうか？

たとえば、その原因が天候などの自然に関することであったり景気に関することだったり。あるいは、こちらから変えてもらうことが難しいお客様に関することだったり。そうなると、これらは、原因というよりは条件ということになり、対処が難しいです。あるいは、対処できたとしても、時間や労力が膨大になるリスクもあります。

そのため、③の観点で、自分たちに対処できる＝コントロールできるものを根本原因として先に取り組んだほうが、素早く対処することができ、成果も上がりやすくなります。

Hint

06

STEP4 対策の立案

「対策の立案」の目的は、ベストな対策を選ぶこと

根本原因が見つかったら、最後のステップ「対策の立案」です。ここでは、**根本原因を取り除くための対策のうち、ベストなものを選びます。**

ここで、質問。「ベストな対策」とは何でしょうか？

まず、対策の効果が大きいもの、それを実施することで、根本原因を根こそぎ取り除くことができるものを選べるといいですね。また、それだけではなく、効果が早期に出やすいという時間の観点だったり、対策を打つのにできるだけコストがかからないという観点だったり、対策を打つにあたってのリスクが少なかったり。いろんな観点での「ベスト」が考えられます。

ですので、自分たちにとって何が「ベスト」なのかを明らかにしたうえで、ベストな対策を選定するのが、このステップで実施することになります。

対策の候補を洗い出す

さて、次は、「対策の立案」に関するポイントをご紹介していきましょう。

まず1つめは、「**対策の候補を洗い出す**」ということです。

えっ、「原因を洗い出すのと似ていない?」って? そうなんです。基本的な考え方は、原因のときと同じです。

原因にしても対策にしても、私たちに経験があればあるほど、「これって、こうでしょ」と思ってしまいがちです(これが、第1章でも挙げた「当たり前」ですね)。

確かに、「これって、こうでしょ」と思ったことが実際にそうだという可能性も高いとは思います。とはいえ、一方で、そうじゃない可能性もあるわけで、まずはいったん、可能性を洗い出してみて、優先順位の高いところから検討しましょうというのが、ここでやりたいことなのです。

やり方は、基本的には原因のときと同じ。洗い出しをしてみて、全体像を把握します。原因と違うところがあるとすれば、対策の場合は、これまでにやったことのないことも含めて、**より新しい発想、斬新な発想もウェルカム**であるということ。

だからこそ、特に、問題解決をチームで行なう場合は、対策の洗い出しではなおのこと、次のようなルールで実施するブレインストーミングがおすすめです。

- **質より量**
- **批判しない、評価しない**
- **他人のアイデアに便乗して、さらにアイデアを考えるのもＯＫ**
- **自由な、遠慮のいらない雰囲気で**

私たちは、会議などでアイデア出しをしていると、ついつい、「でも、それって無理でしょ。お金もかかるし」とか「それ、昔やったことがあるけど、効果なかったよ」とか、ネガティブな観点を持ち出して、せっかく挙げられたアイデアを「亡き者」としようとしてしまいます。

でも、このような「ダメ出し」は、ブレインストーミングではご法度。アイデア出しの段階で「ダメ出し」をしてしまうと、自由に発想してアイデアをどんどん出す意欲が削がれてしまいますし、もしかしたら、「(昔はNGでも)今ならばすごくいい」かもしれないアイデアがはじかれてしまいます。

また、そのアイデア自体は〝いけていなかった〟かもしれなくても、そのアイデアから派生して、他にいいアイデアが出てくる可能性だってあります。

だからこそ、アイデア出しをする段階では、**「アイデア出しに集中し、ダメ出しはしない!」** そう決めることが鉄則です。

ここで、発想を広げるための方法(ツール)をいくつかご紹介しておきましょう。

・**MECEの活用**:漏れている要素はないか、考えてみる(「考えられる原因を洗い出す」のところでお話しした方法と同じですね)。

・**ベンチマーキング**:社内の他部署、他社等がどのようなやり方をしているのかを調べ、参考にする。

・**ＥＣＲＳ**：「Elimiate（今やっている仕事をなくす）、Combine（複数の仕事を組み合わせる）、Replace（ある仕事のやり方を別のやり方に置き換える）、Simplify・Standardize（仕事のやり方を簡素化したり標準化したりする）」の観点でできることはないか、検討する。

評価基準を明確にして選定する

さて、２つ目の視点は、「**評価基準を明確にして選定する**」です。

出てきたアイデアを絞り込むとき、皆さんはどのようにしているでしょうか？　会議などでありがちなのが、「ああでもない、こうでもない」と皆でうんうんうなって、結局決まらないというもの。

そんなことにもならないよう、ここでおすすめしたいのは、**評価軸を明確にする**ということです。

図7 › **対策の立案**

「ルールが守られていない」という根本原因への対策を選定する

対策案を評価する軸

対策案	効果	コスト	手間	合計
ルールの説明会を開く	1	3	2	6
ルールに則っていることを確認する欄を設ける	2	3	3	8
WEB入力にして自動チェック機能をつける	3	2	1	6
⋮	⋮	⋮	⋮	⋮

3点：大きい／良い　2点：中くらい　1点：小さい／悪い

たとえば、対策を選ぶにあたり、まずは「対策による**効果**の大きさ」「対策を実行するのにかかる**コスト**の大きさ」「対策を実行するまでにかかる**時間**」「対策を実施するにあたっての**リスク**」など、いろんな評価軸がある中で、どのような軸で対策を評価して選ぶのかを明確にします。

図7においては、「ルールが守られていない」という根本原因への対策を選定するために、「対策による効果の大きさ」「対策を実行するのにかかるコスト」「対策を実行するのにかかる手間」という3つの軸で評価をしています。

それぞれの軸において各対策案を3点満点で評価し、3つの軸の評価の合計点が最も大きいものを選定しています。

問題解決をチームで行なう場合、評価軸を決めるというのは、言ってみれば、「私たちのチームは、何を大事だと考えているのか?」を明らかにし、認識合わせをするようなものです。これを行なうことで、チームのベクトルを合わせることにもつながります。

また、評価軸を決め、それに基づいて対策を評価することで、スムーズに対策を選定することができます。「なぜ、この対策を選んだのか」、選定後に上司や周りにも説明しやすくなります。

これが、評価軸を決めずになんとなく話し合いで決まったとしたら、「なぜ、この対策になったのか」を明確に説明することができず、上司や関係者の合意を得ることが難しかったり、あとから振り返ったときに「なぜ、この対策になったのかがわからない」といった事態にも陥りかねません。

だからこそ、まずは評価軸を決めて、それから選定することがおすすめなのです。

Hint 07

問題解決で使われている視点を日常に活かす

仕事でもプライベートでも役立つ問題解決の思考

ここまで、問題解決の思考4つのステップにおける重要な視点をご紹介しました。①**問題の明確化**、②**現状の把握**、③**原因の追究**、④**対策の立案**、これらの各ステップにおける視点や考え方は、仕事はもちろんプライベートも含めて、あらゆる場面で活用が可能です。

ここでは、問題解決の思考を実際に日常に活かすためのヒントをご紹介しましょう。

「問題の明確化」の実践例：「そもそも何が問題なのか？」の視点を持つ

私たちは、何かに取り組もうとするとき、「今、取り組むべき問題（焦点）とは何か」しっかりと把握したうえで、取り組むことができているか、というと、意外にそうでもないことが多いです。

以前、某法人にお勤めのMさん（課長職）から、メールで次のようなご相談がありました。もしあなたが、Mさんのメンターだったら、どのように回答するでしょうか?

「今日、ありえない間違いを犯してしまいました。最近異動してきた社員が、『親が体調を崩したため、休暇をとって実家に帰省してきます』という話を私にしてくれたのですが、それに対して、私は『万が一のこともあるかもしれないし、こちらのことは気にせず行ってきていいよ』という、人としてありえない言葉を何も考えずに言ってしまいました。

失礼なことを言って申し訳ないと謝った後、メールでも謝りましたが、この言い間違いは謝って済むレベルではないと思っています。

課長失格です。もう辞めたいという気持ちです。何かいい関係修復の方法はありますか?」

それこそ、いろんな回答の仕方があると思いますし、これが正解というものがあるわけではありません。ただ、一点、この事例を通してお伝えしたいのは、「**焦点（問題）を明**

確にする」ということです。

実際のところ、私は次のように回答をしました。

「Mさんが今、一番気になっていることは何ですか？『ありえない言葉を言ってしまった』こと？『相手を傷つけてしまったかもしれない』こと？『相手との関係にヒビが入るかもしれない』こと？『相手から、課長失格だと思われてしまう』こと？それ以外？Mさんが、何が一番気になっているのかを整理してみることが、次なる行動を考える助けになるような気がしています。」

というのも、Mさんが何を一番気にしているか（Mさんにとっての悩みの焦点が何か？）によって、メンターである私にできることや私が伝えるべきことが変わってくると思ったからです。

この私の問いに対する、Mさんの回答は次のようなものでした。

「私は何を気にしているんだろう？という問いかけで、いったん冷静になれました。以前からたまに失言してしまうことがあり、自分では気をつけているつもりではありました。自分が思うあるべき課長像から大きく外れてしまい、私が課長でいいのか？　そんな疑問から苦しくなっているんだと思いました。」

私たちが何かに直面して悩んでいるとき、意外にその悩みの肝が何か明確にならないまま、不安ばかりが大きくなって、さらに悩みが加速する……ということに陥りかねません。そんなとき、悩み解決の糸口を提供してくれるのが、「そもそも何が悩みなのか？（何が気になっているのか？）」、つまり、「焦点は何なのか？」という問いなのです。

「問題の明確化」の実践例：問題は、理想の状態があるからこそ生まれる

前述のように、問題とは、「理想の状態」と「現状」とのギャップです。だから、問題と思っていることの陰には、必ず「理想の状態」があります。

問題ばかりでストレスが溜まっているという人は、その裏にどんな理想があるのかを考えて、言語化してみてもいいかもしれません。そうすることで、問題ばかりに向いていた

目が目的や理想のほうに切り替わって、前向きに物事を取り組みやすくなります。

これは、部下マネジメントにも有効です。

「○○ができていない」「職場のこういうところがダメだ」など、問題ばかりが口をついて出る部下には、「**そもそも、どうなりたいと思っているの？**」「**どういう状態になったらいいと思う？**」と、聞いてみてください。部下の目線が「問題」から「理想」に移ることで、そして、「理想」の状態をありありと描いて語ってもらうことで、部下の見えている世界や気持ちも、前向きなものに変わってくるのではないでしょうか。

そして、その理想から改めて問題について考えることで、「その理想に近づくために、どんなことができるのか」という問いが生まれ、部下の主体的な行動につながる可能性が生まれます。部下との1on1面談などでも活用いただけたらと思います。

活用場面　「問題の明確化」の視点

次のような場面では、焦点を明確にすることで改善が望めます。

・会議において、何が焦点（論点）なのか明確になっていない。結果として、議論の空中戦が起きるとき
・相手から質問を受けたが、「要は何が知りたいのか」、双方で明確になっていない。結果として、認識が合わず、お互いに不満が残るとき
・部下の悩み相談を受けたが、「何が問題なのか」「要はどうしてほしいのか」が双方で明確になっていない。そのため、いつまでたっても解決せず、モヤモヤしたままのとき
・プレゼンや文書作成において、焦点がずれていってしまって、最終的に答えるべき相手の問いに答えられていないとき

「現状の把握」の実践例：MECEを部下マネジメントに活かす

本章4項でもご紹介した「MECE」という考え方、実は部下のマネジメントにも使える優れモノなのです。

以前、拙著『仕事にも人生にも自信がもてる！　女性管理職の教科書』（同文舘出版）

にも書いたことですが、以前、私はこんな経験をしたことがあります。
私が、どうにもうまく仕事を進められなくて、上司に相談したときのことです。

私「〇〇がうまくいかなくて、どうしたらいいか、わからないのです」

上司「小川さんがうまくいかないのって、①お客さんの課題をうまくヒアリングできていないからなのか、②課題はつかめたけど、それに合ったソリューションが考えつかないからなのか、③ソリューションは考えついたけど、お客さんに響くような提案ができないってことなのか、どれ？　どこでつまずいているの？」

私「あ、そうですね。課題はつかめたけど、ソリューションが思いつかないってことだと思います」

上司「あ、そう。じゃあ、こうしてみれば？……」

上司は、私が持ち込んだ「〇〇がうまくできない」という問題を、プロセスの観点で分解することで、私がどこでつまずいているか、自ら気づく手伝いをしてくれたのでした。
このように、上司が部下の話を聴き、話を引き出しながら、ＭＥＣＥを用いて整理してみせることで、部下は改めて自分の置かれている状況を俯瞰的に把握し、そこから新たな気づきを得て、次にどのような行動をとるべきか考え、自分で答えを出すことができます。

人は、他者から言われたことでなく自分で出した答えに対して、より主体的な行動をとろうとします。つまり、MECEを使って**部下の気づきを引き出すことを通じて、部下の主体的な動きをサポートすることができる**のです。

このときの上司とのやりとりは、それに気づかされた経験でした。

MECEを使って部下の力を引き出すことの、もう1つの効果、それは、**ベテランの部下に対しても影響力を発揮することができる**ことです。

自分よりも年齢も経験も上の部下に対して、業務を進めるうえで、自分がアドバイスできることはなさそう。だから、ベテラン部下に対してなめられてしまうことが不安。ベテラン部下とコミュニケーションをとることに躊躇してしまう、腰が引けてしまう……という声をよく聞きます。

この、ベテラン部下とのコミュニケーションにMECEを活用することができたら、どうでしょう。

具体的にいうと、ベテラン部下の話を聴き、受け止め、そのうえで「それって、こういうことですか?」とMECEを使って構造化したり、全体像を描いて見せたり、MECEに分類した中で漏れている視点について、「こういう観点はいかがですか?（今、うちの技術やお客様の意向についてお話しいただいていましたが、取引先の観点で見るといかがですか? など）」と問いかけたりできたら、ベテラン部下に対して新たな視点を提供し、さらなる気づきをもたらすことも可能です。

実際のところ、コンサルタントがクライアントさんに接するときは、こういった問題解決思考をもって価値を提供することは多々あります。

クライアントさんの事業に対して知識や経験を一番お持ちなのはクライアントさんです。長年クライアントさんが取り組まれてきたことに、コンサルタントが一朝一夕の知識で太刀打ちするのは難しいです。

一方で、その事業にどっぷりつかっていないからこそ、起こっている事象（事実）を集め、整理し、全体像を客観的な目線で見ることで、何が本質なのかを見極めることができます。だからこそ、超ベテランであるクライアントさんと、ある意味素人であるコンサルタントが、対等にやりとりをすることができ、相手に価値を認めてもらってお金をいただくことができるのです。

それと同じことができれば、どんな部下であっても、私たち上司側は、相手に対して価値を提供することができるということです。

ちなみに、相手の問題解決を手助けするためにMECEという考え方をご紹介してきましたが、これは、相手だけでなく自分に対しても使えます。

問題に対してどう手をつけていいかわからなくて困っているとき、問題を分解することで対処の糸口を見出すことができるので、自分が困ったときにも使ってみてくださいね。

「現状の把握」の実践例：事象を具体的に捉える

私たちにとって、現状を具体的に捉えることはとても大切なことです。それは、単に効率的に問題解決を進めるためというだけでなく、自分自身を知り自分自身を認めるという点においても同じことです。

以前、ジムのトレーナーさんが話していた内容が、まさにこれを表していました。

「小学校の授業でかけっこが速かったり球技が上手だったりすると、『運動神経がいいね』『運動が得意なんだね』と周りから言われるし、自分でもそういう認識になる。だけど、筋トレのような動きだったり、ヨガのような動きだったり、授業でやらないようなことがよくできていたとしても、「できている」ということに、自分も周りもなかなか気がつかない。だって、そういった種類の運動は、授業で取り上げないから。

にもかかわらず、かけっこや球技ができなかったというだけで、『運動神経がない』『運動できない』と私たちは大きな括りで認識してしまいがち。でも、それって思い込みだし、もったいないよね」

これって、すごくよくわかる話だなあと思いながら聞いていました。

本当はできることだってたくさんあるのに、そこに気づかないまま、あることができなかった経験だけで、また、それを指摘された経験だけで、「私には難しい」と大括りで思い込んだり、あきらめてしまうこと。いろんな場面であるんだろうと思います。

そこを打破するには、状況を一つひとつ具体的に捉えることが大切です。

「私は運動神経がない」ではなく、「私は、かけっこ〝は〟遅い」。さらに具体的に、「私は50メートル走るのに○秒かかる」というように。

そうすることで、必要以上に自分を卑下したり、それによって、できるかもしれないことをあきらめたりすることがなくなります。

さらにいうと、自分自身を日頃からよく観察し、具体的に捉えましょう。そして、自分のいいところや、できているところは認めて、十分に活用することです。これが自分らしく力を発揮していくことにつながります。

活用場面　**「現状の把握」の視点**

・自分に対して……問題に対してどう手をつけていいかわからなくて困っているとき、問題を分解することで対処の糸口を見出すことができる（コントロール可能vs不可能、会社・組織の問題 vs 個人の問題、短期的な問題 vs 中長期的な問題、影響度、重要度など）

・部下に対して……部下が行き詰まっているとき、話を聴きながら問題を分解して整

理してあげたり、漏れている視点を伝えてあげたりすることによって、部下が自ら問題解決の糸口を見出す支援をすることができる

・チームに対して……問題について、現状の全体像や問題個所を事実ベースで把握&共有することによって、認識をすり合わせることができる

「原因の追究」の実践例：根本原因を特定する

私事で恐縮ですが、私は、研修や講演などの仕事が終了するたび、振り返りをして、学びや気づきを次に活かすということをしています。研修や講演は〝生き物〟で、環境や相手、状況によっても、結果が左右されます。企画段階で予想したことが、やってみると違ったということも、多々あります。

そんな中でも、できるだけ、満足度高く、かつ、期待する結果につながるよう、うまくいかなかったこともうまくいったことも、「なぜ、そういう結果になったのか？」を洗い出し、重要なものを抽出したうえで、今後、改善することや、継続して取り入れることを決めています。

要は、**失敗要因は改善をする、成功要因は次も活用する**ようにしています。

ちなみに、失敗の根本原因が、私の「物事の捉え方」にあったなんてこともあります。たとえば、「嫌われたくない」「間違ってはいけない」など。物事の捉え方は、大きな影響を持つのだなと感じます。

活用場面　**「原因の追究」の視点**

・いわゆる「問題解決」という正当な活用場面。チームにおける問題の根本的な原因を特定することで、その問題が再発しないような根本的対策につなげることができる

・チームだけでなく、自分自身について、起こった事象（失敗など）の根本的な原因を探ることで、さらなる成長につながるアクションを見出すことができる

・問題解決だけでなく、自分自身を知るということにも使うことができる。具体的にいうと、「なぜ？」を自身に問うていくことが、自身の大切にしている価値観を見出すことにつながる。これは、自身のキャリアや仕事の仕方を考えるうえで、有効

である

・自分だけでなく相手を知るということにも使うことができる。たとえば、部下の行動について「なぜ？」を考えていくことで、部下が大切にしている価値観や、部下の思考や行動の傾向を見出すことができる。これは、部下を理解し部下と信頼関係を築くうえで役立つ

「対策の立案」の実践例：基準に基づいて選ぶ

私は、これまで長く社会人人生を歩む中で、大きいものも小さいものも含め、何度もキャリアの局面といったものに出会いました。要は、「新しい機会に飛び込むべきか？今の場所に留まるべきか？」を決めなければならない局面ですね。

皆さんも、きっとこのような局面は過去、経験されていると思います。そのような局面で、自分なりの判断基準を明確に持てていると、意思決定をするうえで役立ちます。

「私は、次なるキャリア機会を決めるうえで、何を大事にしたいのか？」

例えば、新しいことのチャレンジなのか？　強みの伸長なのか？　時間の自由度なの

か？　居心地のよさなのか？　等々。
業務の問題解決のように数字で判断できることではないですが、それでも、自分の中で「何が大事なのか？」という軸を明確にすることは、自分らしい選択をするうえで、大切なことなのではないかと思っています。

活用場面

「対策の立案」の視点

- 過去、直面したことのないような事態に対処するとき、もしくは、やったことのないようなことをやるとき、自由に発想を広げて、対応方法を考えることができる
- 周りの人を巻き込みたい事柄があるとき、一緒にアイデア出しをすることで、関わってもらいやすくなる
- 何を大事にしていきたいか、判断軸について話し合ったり認識合わせをすることで、チームの中でのベクトル合わせをすることができる
- たくさんのアイデアの中から決めなければいけないとき、判断軸や判断基準を用いることで、決めやすくなる

Hint 08

問題解決の思考　まとめ

ここまで、4つのステップにおける、重要な視点をお話ししてきました。

改めて見てみると、それらの視点は、基本的には次の5つに集約されるように思います。

・目的を押さえる
・全体像を押さえる
・分解して要素を捉える
・優先順位をつける
・要は何なのか（本質、結論、重要なことは何か）を見出す

4つのステップを通して考えてみると、これら5つが〝手を変え品を変え〟繰り返し、

図8 〉問題解決の思考:4つのステップと視点

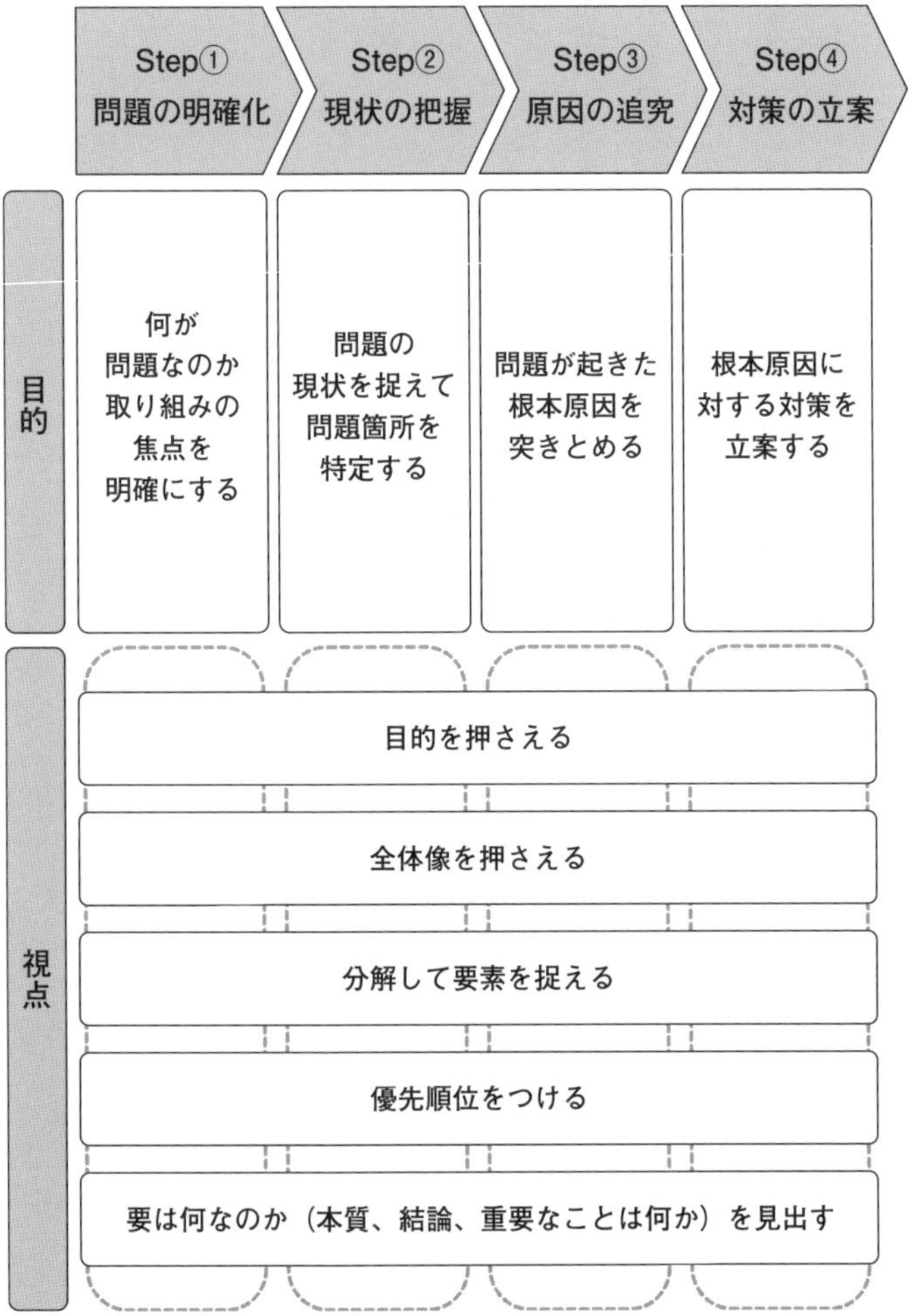

出てきていることに気づきます。

たとえば、「現状の把握」で「現状を正確に把握し、全体をモレなくダブりなく分解する」ことであったり、「原因の追究」で「原因の候補を洗い出して因果関係を整理する」こと、「対策の立案」で「対策の候補を洗い出す」ことは、「全体像を押さえる」ことや「分解して要素を捉える」ことに相当します。

また、「問題の明確化」で「焦点を明確にする」ことであったり、「現状の把握」で「事実を確認して問題の箇所を特定する」こと、「原因の追究」で「原因候補の中から根本原因を特定する」こと、「対策の立案」で「評価基準に基づいて対策を選定する」ことは、「優先順位付けする」ことや「要は何なのかを見出す」ことに相当します。

そして、これらは、すべて各ステップの「目的」を踏まえて実施することから、「目的を押さえる」ということにも相当します。要は、これら5つの視点を身につけることが肝要ということですね。

実際、これらの5つの視点で、物事を見ることができたら、たとえ、自分が経験したことがない対象であっても、自分なりの見立てを立てることができるように思います。それができることで、どんなことに遭遇しても、自分の人生を力強く進む勇気が持てるように思っています。

本章の最後に。池井戸潤氏の小説『アキラとあきら』に出てくるこんな会話をご紹介したいと思います。

「なのに、その人はその環境の違いに適応できないんだ。なぜだと思う?」

「頭が固いからでしょ」龍馬が横から口を挟む。

「違うよ」

彬がいった。「考えようとしないからさ」

このとき、父は唖然とした顔で彬を見つめた。大袈裟ではなく、その表情には驚きが滲んでいた。

「その通り。考えようとしないからだ。もうひとついうと、挑戦しないからだ。いままで成功してきたことにしがみついて、新しい環境に挑戦しようという気概がない。だから、パパは真っ先にその人に辞めてもらった。晋叔父さんから電話がかかってきたよ。なんでアイツを辞めさせるんだ。気はたしかかって」

そのときばかりは少し愉快そうに、父はいった。「だからいったのさ、考えない奴には用がないって。これはお祖父様の口ぐせでもあったんだけどね。考えればなんとかなる――」

※池井戸潤 著『アキラとあきら』（集英社文庫）より抜粋

考えればなんとかなる。それが、どんな場面であったとしても。どんな状況であったとしても。だからこそ、意識的に普段から「考えよう」とすることが大事なのだろうなあと思います。

そして、「考えよう」とするとき、やみくもに考えるのではなく、ぜひ「問題解決の思考」を使ってみてください。

Column 4

MECEを子育てに活用する

相手の主体的な行動を支援するのにMECEを活用できるというのは、仕事だけでなくプライベートでも同様です。その例として、私と娘の経験をお話ししますね。

娘が受験勉強をしていた頃のこと。成績が全然上がらず、「がんばってるのに……(涙)」と、娘のモチベーションがダダ下がりになったことがありました。確かに見ていると、それなりに時間をとって勉強はしている様子。でも、テストの点数はいまいち。

そこで、私と娘とで、「どこに問題があるのかを考えてみよう」ということになりました。実際にやったのは、テストの点数につながる要素をMECEで捉えることです。

- インプット：知識、解法
- プロセス：読む、考える、解く、書く

これら6つのうち、どこに問題があるのか、どこにつまずいているのかを、娘と一緒に考えることにしました。

娘の場合、ケアレスミスが異常なほど多かったのですが、よくよく見てみると、まず「読む」段階で設問を正確に読めていないこと、そして、「書く」段階で、計算用紙上で算出した答えを正確に解答用紙に転記できていないことがわかりました。

ああ、これだと確かに、いくら勉強してもテストの点数にはつながらないですね……。

こんな感じで、プライベートにおいてもMECEを活用できる場面はありますので、ぜひ気軽に、「ここ、MECEで考えてみる？」という場面を見つけて使ってみてくださいね。

第5章

影響力がアップする！ リーダーシップの原動力となる想い

Hint

01

想いとは何か？

自分の心から湧き出てくるもの

最後に、リーダーシップを発揮するときの原動力となる「実現したいという想い」について見ていきたいと思います。

想いとは何か？　この言葉自体には、一般的にはいろんな意味があると思いますが、ここでは、

- 目的：ミッション、使命や存在意義
- ビジョン：実現したいことや到達したい状態
- 価値観：大事にしたいこと

これら3つを内包するものを「想い」と呼ぶことにしたいと思います。
言い換えると、次のような問いの答えが想いといえるでしょう。

「何のために人生を送りたいのか？　何のために働いているのか？」
「何を実現したいのか？」
「どうありたいのか？　何を大事にしたいのか？」

少し気恥ずかしいですが、各項目をイメージしやすくするために、私の想いを例に挙げてみます。

私は、仕事と人生を楽しむ人を増やしたいと思っています。企業とそこで働く人の両者が、ハッピーで良循環を生み出している状態を創り出せたらいいなと思っています。そのために、少しでもお役に立てたらうれしいです。

そう思うようになった原体験は、某企業に勤めていたときのことです。

転職して比較的すぐの頃、職場で、多くの人が1日中暗い顔をして、つまらなそうに仕事をしていることに気がつきました。

「1日の大半を職場で過ごすのに、この時間がつまらないのだとしたら、人生、もったいなくないだろうか」

「仕事を楽しむことができたら、それは、成果にもつながるだろう。成果につながれば、それが会社の業績に反映され、その業績は、またその社員に還元される……という良循環が生まれるのでは」

こう感じたことが原点となっています。

第1章でお話ししたように、私は、仕事と人生に楽しむために必要なものは、個々人のリーダーシップだと考えています。

ここでいうリーダーシップとは、想いを持ち、その想いの実現のために、主体的に考え、動くこと。周りに働きかけていくこと。これらは、必ずしも組織のリーダー職だけに求められるものではなく、個々人が幸せな仕事・人生を生きるために、なくてはならないものであり、個々人のベクトルが組織のベクトルとあいまったとき、全体としての力は計り知れないものとなると思っています。

だからこそ、ご縁があって出会った方がリーダーシップを育て、発揮するお手伝いができたらいいなと思っていますし、そのための「触媒」のような存在でありたいと思っています。

恥ずかしながら、私の想いを書いてみましたが、いかがでしょうか。イメージをなんとなくでも持っていただけたでしょうか？

もしかしたら、印象として、「想い」とは大層なもの……というイメージを持たれた方もいらっしゃるかもしれません。

でも、決して「大層なもの」である必要はありません。想いとは、**自分の心から純粋に湧き出たWANT**です。自分の心に根差したものであれば、どんなものでも、大小にかかわらず、「正解」なのです。まずは、自分に対して純粋に「どんな想いを持っているのか？」を問いかけてみましょう。

すぐに思いつかなくてもいい

もしかしたら、自分の想いなんて、よくわからない、なかなか思いつかない……という方もいらっしゃるかもしれません。

確かに、想いは一朝一夕に思いつくものではありません。というのも、想いは、「何のためなのか？　何を自分の使命にしたいのか？」「何を実現したいのか？」「どうありたいのか？　何を大事にしたいのか？」といった問いを持ち続けることで、あるとき、「あ、こういうことが好きかも」「やりたいかも」と思いついたり。あるいは日常の中で感動したり、逆に、憤りを感じたりする中から、「あ、私はこういうことを大事に思っているんだな」と気づいたりするものだからです。

そういった経験を積み重ねてきて、私の想いってこういうことかな、という輪郭がちょっとずつ見えてくるものだと思っています。

私自身、先ほど挙げた想いにたどり着くまでに、10年以上かかりました。

それこそ、20代の頃は、問いは持っていたものの、自分がどうしたいのか、そして、何ができるのかも全くわからず、悶々と悩んだり、仕事後もいろんな習い事や勉強をしたり。雑誌で見かけた靴職人という仕事に興味を持ち、いきなり電話をして、数カ月、週末弟子入りさせてもらったこともあります（今考えたら、かなり無謀でしたね）。

そんな悶々とした状態を経て、私が、「人の変化や成長に伴走すること」がしたいという気持ちに気づいたのが、29歳のときでした。

とはいえ、普段忙しく過ごしている中では、なかなか想いについて考える機会を持つのは難しいという方もいらっしゃるかもしれません。

ですので、本書を通じて、皆さんに考える機会を手にしていただきたいなと思います。

自らの原動力になる

想いを持てると＆自覚できると、なぜいいのでしょうか？　改めて見ておきたいと思います。

ひとつには、まさにそれが、**リーダーシップの起点であり、原動力となる**からです。

私たちは、「こうなりたい」「これを実現したい」という想いが強ければ強いほど、自ら考え動きますし、実現するために、なんとかして周りを巻き込もうともします。

加えて、想いを持つ&自覚し続けることによって、日常の些末なことに振り回されなくなります。たとえつらいことや苦しいこと、一見自分の意に沿わないことが起こったとしても、「今、この経験が与えられた意味は何か?」「この経験は、どう私の想いの実現に役立つのか?」という「意味」を見出すことで、高いモチベーションを維持し続けたり、めげずに困難を乗り越えようという力を持つことができます。

私の例を挙げますね。

私は、「人材育成分野で人の可能性を引き出す仕事をしたい」という想いから、コンサルティング会社に転職をしたのですが、コンサルティング会社の環境は、これまで働いてきた環境とあまりに異なっていて、30代半ばにして、大きな壁にぶち当たりました。

試練の源は、トップダウン思考、戦略思考、仮説思考、などと呼ばれる、コンサル思考。そのコンサル思考というものが、当時の私には全く足りていなかったのです。

これまで知識と経験で乗り切ってきた私にとって、その世界はまさに「異国」でした。

結果、降格も経験。がんばってもがんばっても、あまりにも何もできない自分を、さらに自分で追い詰めて、メンタル的にもかなり不安定な状況まで陥ったというのが、その当時の状況でした。

このとき、辞めないでがんばれたのは、ひとえに、「これを乗り越えて人材育成分野で一人前に仕事ができるようになりたい。だから、今辞めちゃいけない」という想いがあったから。

あとから、上司に「小川さんの強みは『根性』だね。あれだけ苦労して、辞めなかったのは小川さんだけだよ」と言われました。

「根性」。言われた当時は微妙な気持ちがしましたが、今から思えば、これが想いのなせるわざなのだなあと思います。

周りへの影響力となる

第1章や第2章でお伝えしたように、「想い」や「想いに向かう姿勢」に共感すると、人は「私も協力したい」「応援したい」という気持ちになります。つまり、**「想い」は、自**

分だけでなく周りのモチベーションをも引き出すのですね。だから、想いは人に語れるよう、言語化できると、なおよいと思います。

では、ここからは「想い」、中でも、特にリーダーシップの起点となるビジョンを描いてみたいと思います。また、ビジョンを描く過程で、価値観にも目を向けてみたいと思います。

Hint

02

自分らしさを自覚する①
価値観を知る

あなたは、何を大事にして生きてきましたか？

ビジョンを描くときのベースになるのは、主に「価値観」と「強み」の2つです。
今から、それぞれについて見ていきましょう。

まず、「価値観とは何か？」というと、本書では、
「その人が大事にしていること。信念やこだわり。
普段、意識することはないかもしれないが、自身の感情や気持ちの根っこにあるもの」
このように定義づけしています。

私たちは、自分が大事にしている価値観を満たすような行動をとっているとき、喜びや充実感を抱くことができます。

たとえば、「人とつながること」が大事な価値観である人にとって、みんなと一緒に何かを作り上げるプロジェクトに従事しているとき、とても楽しく充実していることと思います。また、「達成すること」が大事な価値観である人にとっては、自ら目標を設定してそれを達成することに、やりがいや充実感を感じることができます。

逆に、自分が大事にしている価値観に反する行動をとらなければならないとき、私たちはイライラや不快を感じることがあります。たとえば、「フェアである」という価値観を大事にしている人にとって、フェアだとは思えない決め方などを目の当たりにすると非常にモヤモヤします。

このように、**その人にとって何が大切で、何が大切でないかを指し示す役割を果たしてくれるのが価値観**なのです。

その人にとって大事にしている価値観は何か？　それは、人それぞれです。だからこそ、自分は何を大事にしているのか、探求できるといいですね。

価値観に気づくと、点と点がつながる

ちなみに、私にとって、大事な価値観の1つは、「チャレンジ」です。

この価値観に気づいたのは、ある講座を受講したときに行なったワークがきっかけでした。自分の強みを見つけるための、「自分の過去の達成事項を記入する」というワークです。

このとき、一緒にワークを行なった周りの人たちは、「資格を取得した」「プロジェクトで○○を実現した」と、まさに達成した実績を記入している人が多かったのですが、私はというと、うまくいったかどうかは別にして、これまで自分が新たにチャレンジしたことばかりを挙げていたのです。

それを見たとき、「あ、私って、うまくいったかどうかではなく、新しいことにチャレンジをするということを大事にしているんだなあ」と気づいたのでした。

確かに、過去を振り返ると、私は飽きっぽい性格で、大学付属の高校だったのに別の大学を受験したり、転職も何度かしています。自分の価値観として「チャレンジ」があるということに気づいたことで、これまでの自分の行動が腑に落ちた気がしました（そういえ

ば、私の気に入っている小説も、主人公が新たな挑戦をして人生を切り拓くものであることに、あとから気づきました)。

自分の大事にしている価値観に気づくと、一見、脈略のなかった自分の過去の行動や経験(点)が線でつながっていきます。これって、面白いです。

私たちの過去には、私たちが大事にしてきたもの、言い換えると、私たちの未来を指し示す矢印が至るところに埋まっています。それを掘り起こして、矢印の示す方向性に気づくことこそが、「自分らしさ」を見つけることにつながる。そんなふうに思っています。

価値観を見つけるワーク

ここまでお話ししてきたように、価値観を見出す一番の方法は、自身の過去を振り返ってみることです。特に、自分の感情が大きく揺さぶられた経験を振り返ってみることです。とても楽しかった経験、やりがいを感じた経験、心惹かれた経験、充実を感じた経験。逆に、不快だった経験、怒りや憤りを感じた経験……。ぜひ、それらの経験を振り返って

みて、

・そのとき、自分はどんなことを感じていたのか？
・その感情の根っこには何があるのか？　その経験のどういうところがよかったのか？　もしくは、何がイヤだったのか？
・そのとき、自分の中のどんな価値観が尊重／反映されていたのか？
・それは、あなたにとってどんな意味があるのか？

自分に問いかけてみてください。

そして、単に頭の中で思い浮かべるだけでなく、書き出してみてください。

さらに、いったんすべてを書き出してみたタイミングで、それらを眺めてみましょう。書き出してみたことは、あなたにとってしっくりきますか？　また、そこに共通点は見出せるでしょうか？

もしも可能だったら、いったん自分で考えてみた後、仲のいい友達などに話をしてみるといいと思います。人は、心置きなく自由に話していると、思ってもみなかったような口をついて出てくることがあります。実際は、思っていなかったわけではなく無意識下に考えていたわけなのですが、これが思わず出てきた感じですね。それによって、「私って、そんなふうに思っていたんだ！」と、自分への理解が深まったりします。

私は、クライアントさんに対して、この価値観を見出すためのコーチングセッションを実施することがあるのですが、本当に、人それぞれ、いろんな価値観をお持ちです。それをクライアントさんと一緒に見出すのは、とても楽しいです。

皆さん、自分の大事にしている価値観を言語化し自覚できたとき、自分の過去の行動や感情に一貫性を見出し、点と点がつながって線になる感覚を得て、すっきりされるようです。

自分の価値観を見つけるためのリスト

なお、価値観を書き出すといっても、具体的にどんな言葉や表現を書き出していいのか、悩む方もいらっしゃるかもしれません。そのため、ここに価値観のリストを載せておきます。

自分の価値観がわからないという方は、まずはこのリストの中から、自分の琴線に触れる言葉を抽出していただくといいと思います。

そして、その言葉を手がかりに、より自分にフィットする言葉を考えてみてください（なお、リストに挙げた言葉は、あくまで例ですので、ここに挙げられていない言葉も含めて、自分にフィットするものを考えていただければと思います）。

一緒にいる、一体感、美しくある、一番となる、影響する、駆け引き、活気づける、観察、共鳴する、工夫する、元気づける、向上、構築する、支援、実験、衝撃を与える、上品、自力、スリル、成長、世話をする、前進、専門である、洗練、壮大、卓越する、達人、探求、つながる、独創性、人をつなぐ、変化、冒険、学ぶ、未知、導く、やすらぎ、優秀、ユーモア、リスクをとる、可能性、活力、歓び、協力、軽快さ、公正、貢献、自己表現、自由、信頼、真実、成果、成長、正直、誠実、前進、創造性、卓越、達成感、挑戦、独立、熱意、平和、冒険、癒し、勇気、友情、率直、愛、感謝、思いやり、守る、調和、美意識、改革、安定、夢、伝統、サポート、好奇心、野心、秩序、義理、正確さ、効率、競争、本質、謙虚、自然、助ける、責任、育成、教える、受容、家族的である

Hint 03

自分らしさを自覚する②
強みを知る

自分の強みを把握する3つの方法

「強み」とは、何でしょうか？

世の中ではいろんな定義にあふれていますが、本書では、**「その人が力を発揮しやすい思考や行動の特性」**としています。

強みは、無理な努力をすることなく、自然にできて、かつ、それを発揮していることに充実感や喜びを感じることのできるものです

そのため、強みは、私たちが想いを実現するためにぜひ活用したいリソースです。

では、どうしたら自分の強みを把握することができるでしょうか。

ひとつは、**過去の自分の成功体験や充実していた経験を振り返って、自分はどんな強みを使っていたのか、考えてみる**ことです。

そのときに、次のような質問を自分に投げかけてあげると考えやすいと思います。

「具体的にどんなことがありましたか？」

「それ（成功したことやうまくいったこと）ができるためには、どんなことが必要ですか？」

「どんな強みを発揮していたと思いますか？」

「そのときの、〇〇さんの気持ちは？」

「あなたは、普段周りからどんなことで頼りにされますか？」

また、強みを考えるときは、できるだけ具体的に捉えるといいでしょう。

たとえば、「コミュニケーションをとるのが得意」といっても、

・大勢の人に対して場を創っていくのが得意なのか、1人の人とやりとりするのが得意な

のか

・初対面の人とすぐに打ち解けるのが得意なのか、時間をかけて親密的な関係を築いていくのが得意なのか

それぞれ違います。自分は、コミュニケーションをとるとき、具体的にどういう場面で、どういう人に対して、どのようなことをするのが得意なのかを具体的に捉えたほうが、より強みを活用しやすくなります。

2つ目の方法は、**上司や周りの人に対して、「私の強みは何か？」を聞いてみる**ことです。というのも、強みは、あまりにも自然にできてしまうことなので、自分にとっては、当たり前すぎて、他の人から指摘されない限り、それが強みだとは気づきにくいからです。上司との面談の際、もしくは、同僚やプライベートの友人に対して、機会を見つけて聞いてみることをぜひおすすめします。

それ以外にも、過去、周囲の人から言われた「ほめ言葉」や「あなたについての言葉で、印象に残っているもの」を挙げてみて、それらを手がかりに考えてみるのもいいですね。たとえネガティブな意味合いで言われた言葉であっても、それを手がかりに強みを見出せることもあります。

というのも、強みと弱みは表裏一体で、ご自身の発揮しやすい特性をうまく使えていれば強みになりますが、うまく使えていないと弱みとして出る場合もあるからです。

たとえば、こんなふうに。

・あらゆるリスクを考慮する ⇕ 慎重である・臆病である

・人の気持ちを慮る・察する ⇕ 人の顔色をうかがう

私の場合、どうしても「相手が何を考えているか、感じているか」を気にしてしまうようなところがあって、自分のそういうところが、若い頃は特に嫌で嫌でたまりませんでした。当時、夫から「人の顔色をうかがっているみたい……」と何気なく言われて、自分で気になっていたことだけに、ケンカになったこともあります。

ですが、研修の講師やコーチの仕事をするようになった今、その特性が逆に役に立っています。弱みをうまく使えると、強みに転じるんだなあと実感した例です。

3つ目の方法としては、**世の中に存在する、強み診断テストを活用する**ことです。先ほどご紹介した2つの方法で、まず自分で強みを洗い出した後、診断テストを実施し、その結果と突き合わせて、改めて自分の強みを確認したり、自分の気づいていない強みを知って、自分の強みの幅を広げてみるというのもいいでしょう。

あるいは、まずは診断テストを受けてみて、その結果を手がかりに、実際に自分の強みを日常の中で観察してみるというのでもいいと思います。

Hint 04

ビジョンを描く

ビジョンを描くときの最大のポイント

ここまで、自分らしさを代表するものとして、価値観と強みを見てきました。今から、これらをベースに、ビジョンを描いていきましょう。

ビジョンを描くときの最大のポイント、それは**一切の制約を設けない**ということです。

私たちは、どうしても「私は○○なのに、○○を目指すのは無理だろう」「○○なんて、したことないし」「私の能力では、○○なんて高望み」「この歳から、○○なんて……」等々、いろいろな制約を自分で設けて、その制約の枠内で物事を考えてしまいがちです。

ですが、今、私たちに判断できるのは、過去に経験したことや見聞きしたことの総動員でしかない。未知のことや、やったことのないことをやれるかどうか、今の私たちに判断すること自体、難しいのです。

それに、制約なく、純粋に自分の「やりたい」に従って描いたビジョンは、とてもパワフルです。それを思い描くたびにワクワクし、私たちの大きな原動力となってくれます。描いたときには「難しいのでは」と思えるようなことでも、実際に実現してしまった！というケースもたくさんあります。さらに、描くだけなら、タダですし、描いたものの勝ちです！

「できる・できない」は脇に置き、人目は気にせず、自分の「こうなったらいいな」に忠実になって描いていきましょう。

会社のビジョンとの接点を見出す

ビジョンとして、まず描きたいのは、あなた自身の人生におけるビジョンです。それが最もあなたにとって大切だと思うからです。

人生をどう生きたいのか？　すぐに明確な答えが出なくても、漠然としたものであってもかまいません。まずは、描いてみましょう。

その次に、その人生のビジョンにたどり着くまでの途中過程のビジョンを描きましょう。仕事とプライベートとを分けても、一緒にしても、どちらでもかまいません。


「会社・組織でどのようなことを実現したいのか？」

「仕事を通じてどんな価値をお客様に提供したいのか？」

「どんなチームを創っていきたいのか？」

「余暇はどうありたいのか？」

「社会とのかかわりはどうありたいのか？」

「家族や友人との関係は？」


仕事についていえば、会社のビジョンと人生のビジョンとのつながりが明確であるほど、仕事に対する意欲は高まります。これは、まさに、第3章でお話しした「会社のビジョンとの接点を見つける」ということですね。

「あなたはなぜ働くのでしょうか？」
「あなたはなぜ、この会社・組織で働くのでしょうか？」
「あなたはなぜ、この会社・組織でリーダーという役割を担うのでしょうか？」
「あなたは、この役割を通じて、何を生み出したいのでしょうか？」

あなたが、人生のビジョンを踏まえて、これらの問いに対する答えを明確に持てたとき、あなたのリーダーシップはとても説得力のあるものになると思います。

だからこそ、普段から、ぜひ自らに問いかけ、想いを深めていってください。それが、リーダーシップを育てることにつながると思っています。

最後に。次ページに**「ビジョンを描く」ワークシート**を用意しました。よかったら、早速あなたのビジョンを描いてみてください。

一切の制約を設けず、自由に、あなたの心のままに。

図9 〉ビジョンを描く

	それぞれ、どういう状態なのかを描きましょう
人生のビジョン （　　）年	
	▲
ビジョン （　　）年 （　　）月	
	▲
ビジョン （　　）年 （　　）月	
	▲
現状 （　　）年 （　　）月	

POINT

- まずは一番上、人生のビジョンを描いてみましょう。そこから、徐々に時間軸を今に近づけて、途中過程のビジョンを描いていきます。
- ビジョン実現の時期は、自分にとって最も描きやすい時期を記入しましょう。
- 環境や能力、お金など、一切の制約を設けず、純粋に自分の「やりたい」「なりたい」に従って描きましょう。
- 書いたものは、今後定期的に眺めてみましょう。おすすめは月１回、月末もしくは月初に眺めてみること。その際、ビジョンのイメージが以前よりも具体的になっていたら、それを書き足してもいいですし、あるいは、ビジョンが変わってきたなと思ったら、書き直してもいいと思います。

Column 5

想いに正直に、直感を大切に

第４章で「問題解決の思考力」について書きましたが、「想い」を見出すことについては、最後は思考ではなく感覚・直感が大事だなあと思っています。

外資系メーカーで管理職として勤務する中で、「人材育成分野にいきたい」「人の可能性をサポートする仕事につきたい」と思った私は、その分野への転職活動を始めました。でも、これまでの職歴は、すべてサプライチェーンマネジメント（SCM)。人材育成とは異なる分野です。そして、年齢は、すでに30代半ば。応募するも書類選考で落とされてしまいます。

「やっぱり、この歳で未経験だとダメなのかな……」。私は落胆し、結局、これまでのキャリアの延長であるSCM分野の会社を受け、２社から内定をもらいました。仕事内容ややりがい、給与、ポジション……申し分ない。にもかかわらず、入社のお返事をする間際になっても、心の奥底にあるモヤモヤした感覚が抜けません。「どうしよう……」。胸が苦しくなりながら、なんとか自分の中で折り合いをつけ、回答期限の日の朝、片方の会社に決めお返事をしました。

そして、その日から１週間、海外旅行へ行きました。でも、結局、折り合いはついていなかったのです。海外旅行中、素敵な景色を見ていても、おいしいものを食べていても、「これでよかったのか？」、そのフレーズが浮かんでは消え浮かんでは消えして、楽しむどころではありません。

入社することに違和感がある。でも、今さらやめるなんて失礼すぎる。それに、やめた後はどうする……そんなことを考えて、どうにも自分の感情を扱えなくなった私は、帰国後、かつての上司に相談することにしました。

すると、「だったら、やめれば？」と一言。拍子抜けしました。でも、それは、私が一番ほしかった言葉だと、そのとき気づきました。

結局、私は、土下座をするつもりで先方に出向き、謝って内定を取り消してもらいました。そして、改めて、自分がやりたかった人材育成分野への転職にチャレンジしようと決めたのでした。

違和感があるというのは、「今やろうとしていることが、自分の想いに従っていない」ことを示すサインです。その違和感を無視してことを進めようとすると後からひずみとなって返ってきます。そんなときは、自分の感覚を大事にして、ぜひ想いに耳を傾けてみてください。

おわりに

ここまでお読みいただき、ありがとうございました。

ご自身のリーダーシップを育てていくうえで、ヒントとなりそうなことはあったでしょうか？　ここから先は、ご自身にとって唯一無二のリーダーシップを創っていっていただけたらと思います。


クライアントであるNさんにコーチングセッションをさせていただいたときのこと。

そのときのテーマは、「部下の態度に対してモヤモヤするが、どう対処するか」だったのですが、セッション終了時に、Nさんがおっしゃった言葉が印象的でした。

「こうやって話しながら、都度、自分にとって最も腑に落ちる答えを見つけていくことが、自分の中での『正解』を増やすことになると思っています。

言ってみれば、正解集をつくっているような感じ。事例集といっても、いいかな。

正解集や事例集が増えていくと、それがどんどん自分の自信になるんだなって思います」

ああ、確かにそうだな、と思いました。

リーダーシップに、絶対の正解なんてない。知識や人からのアドバイスなどを参考としつつも「自分にとって何がしっくりくるか、腑に落ちるか」を感じながら行動を積み重ね、その結果をもとにして、自分なりの「正解」を見出し、言語化していく。

そうやって、自分らしいリーダーシップは創られていくのだなと思いました。

本文中にも書きましたが、私は仕事と人生を楽しむ人を増やすことに貢献できたらいいなと思っています。そのために、私自身も、もっともっと自分のリーダーシップを磨いていけたらと思います。

本書を執筆しながら感じたのは、この本は、私がご縁をいただいた皆さんとの記録であり、この本を書くことは皆さんとの軌跡をなぞっていくことだなということ。

執筆している間、これまでご縁をいただいた皆さんのお顔やその当時のやりとりをたくさん思い浮かべました。そして、今回エピソードを引用させていただいた方には、引用の許可をいただくためにコンタクトをとり、やりとりをさせていただきました。そんな中で、いろんな方に支えられている、助けていただいていることを感じて、感謝の気持ちでいっぱいになりました。

この場を通じて、改めて御礼をお伝えできたらと思います。

本当にありがとうございます。

また、今回、前著『仕事にも人生にも自信がもてる！　女性管理職の教科書』の続編を書く機会をくださるとともに、公私ともにお忙しい中で、親身になってアドバイスや励ましをくださった担当編集者の戸井田歩さん、ありがとうございました。

最後に、やりたいことに没頭するあまり、ともすると暴走してしまう私を、温かく見守ってくれる夫と娘へ。本当にありがとう！　いつか娘が本書を読んでどんな感想を持つのか……楽しみです。

株式会社ＦＡＩＴＨ代表取締役　小川由佳

著者略歴

小川由佳（おがわ　ゆか）

株式会社 FAITH 代表取締役
津田塾大学卒業後、メーカーで物流業務に携わる。1999 年、サプライチェーンマネジメント（SCM）のソリューションプロバイダーに入社。コンサルタントとして、クライアント企業に対する SCM ソフトウェアの導入や、それに伴う業務改革のコンサルティングを実施。社内初の女性マネージャーの 1 人として、プロジェクトマネジメントも行なうようになる。マネージャーとして奮闘する中、クライアントや部下の変化、成長に携わることに大きな喜びを感じ、人材育成分野に関心をもつ。その後、メーカーの SCM 部門での管理職を経て、2006 年、コンサルティング会社へ転職。コンサルタントとして、クライアント企業における業務改革や組織変革の支援を行なう中、クライアント企業のリーダー育成に従事。研修やコーチングを通じて、育成に関わったリーダーの数は 600 人以上。
2011 年に独立し、各種研修プログラム開発および研修講師として活動中。また、若手管理職や働く女性に対するパーソナルコーチングを実施。専門的な知識・スキルだけでなく、管理職、コンサルタント、講師、コーチ、そして、働く女性＆ワーキングマザーとしての経験を詰め込んだ研修やコーチングは、「わかりやすい」「自分に自信をもてるようになった」と好評を得ている。著書に『仕事にも人生にも自信がもてる！女性管理職の教科書』（同文舘出版）がある。

【お問い合わせ】
株式会社 FAITH　https://office-faith.jp/

女性管理職「自分らしいリーダーシップ」の育て方

2023 年 9 月 29 日　初版発行

著　者 ―― 小川由佳

発行者 ―― 中島豊彦

発行所 ―― 同文舘出版株式会社

東京都千代田区神田神保町 1-41　〒 101-0051
電話　営業 03（3294）1801　編集 03（3294）1802
振替 00100-8-42935
https://www.dobunkan.co.jp/

ISBN978-4-495-54149-1

印刷／製本：三美印刷

Printed in Japan 2023